Rindo e Refletindo com Chico Xavier

Rindo e Refletindo com Chico Xavier

Richard Simonetti

ISBN 85-86359-57-2

Capa e Elistrações: José Policena

4ª Edição • Julho • 2007
1.000 exemplares
13.001 a 14.000

Edição e Distribuição

CEAC
EDITORA

Rua 7 de Setembro 8-56
Fone/Fax (14) 227-0618
CEP 17015-031 - Bauru - SP
site: www.ceac.org.br • e-mail: ceaceditora@ceac.org.br

Dados Internacionais de Catalogação na Publicação (CIP)
(Câmara Brasileira do Livro, SP, Brasil)

Simonetti, Richard
Rindo e refletindo com Chico Xavier / Richard Simonetti. -- Bauru, SP : CEAC Editora, 2006.

Bibliografia.
ISBN 85-86359-57-2

1. Espiritismo 2. Xavier, Francisco Cândido, 1910-2002 Título.

06-1120 CDD-133.9092

Índices para catálogo sistemático:

1. Xavier, Chico : Bom humor : Espíritas : Biografia 133.9092

...o verdadeiro missionário de Deus justifica, pela sua superioridade, pelas virtudes, pela grandeza, pelo resultado e pela influência moralizadora de suas obras, a missão de que é portador.

Erasto, em *O Evangelho segundo o Espiritismo,* cap. XXI.

Sumário

Bom humor

Sempre encarei com estranheza as imagens de Jesus crucificado, bem como a tendência de imaginá-lo carregando a "cruz das misérias humanas", em supremo sacrifício para salvação da Humanidade, a "lavar com seu sangue nossos pecados".

Atendendo a essa tendência, as igrejas medievais eram guarnecidas por vitrais escuros, que neutralizavam a luz solar, sustentando atmosfera de angústia e tristeza.

Os pregadores, solenes e monocórdios, repetiam em entonação dramática:

– Lembra-te de que ele sofreu para nos salvar!

Isso sempre me pareceu uma aberração, até porque o Espiritismo não situa Jesus como "o Salvador" no sentido empregado pelos teólogos: livrar o homem da danação eterna.

Veio para nos salvar da ignorância.

Foi abençoado professor, que renunciou às alturas e sujeitou-se a usar a pesada armadura física para mostrar-

nos como caminhar mais depressa, rumo à gloriosa destinação.

Como quem fornece abençoado mapa ao viajor inexperiente, facilitou-nos a jornada, preservando-nos de desvios indesejáveis.

Uma das características do Espírito superior é o bom ânimo e, mais que isso, o bom humor, sempre atento aos aspectos positivos da existência.

Imagino que Jesus deu boas risadas, em várias situações, observando as trapalhadas dos companheiros, um tanto tardios em assimilar seus ensinamentos.

É bem ilustrativo o episódio em que João e Tiago, chamados "boanerges", filhos do trovão, em face de seu gênio impetuoso, propuseram um castigo aos habitantes da Samaria, que se recusaram a hospedar o grupo em trânsito por aquela região (Lucas, 9:51-56):

– Senhor, queres que mandemos que desça fogo do céu e os consuma, assim como fez Elias?

Tantas instruções e exemplos recebidos, relacionados com o perdão, a mansuetude, a compreensão, a misericórdia, a compaixão, e saiam-se os dois irmãos com aquele disparate!

Imagino Jesus rindo, ao explicar:

- Não vim para matar os homens, mas para salvá-los.

***

Não tive a felicidade de conviver com Chico Xavier.

Meus contatos com ele foram sempre superficiais, de passagem, mas os que com ele privaram exaltam seu bom humor e descontração, mesmo quando às voltas com "filhos do trovão".

Como demonstram seus biógrafos, Chico enfrentou existência repleta de lutas e dificuldades, mas, como todo missionário autêntico, era de índole alegre e risonha, a evocar sempre os aspectos positivos da jornada humana, sem queixas, sem vacilações.

***

Nestas páginas, ofereço ao leitor alguns episódios colhidos de fontes diversas, que transpiram o bom humor do médium, sua sabedoria e simplicidade, sempre fiel aos compromissos assumidos com a Doutrina Espírita.

É uma pálida amostra de uma existência inesquecível, alguém que dividiu o Espiritismo no Brasil entre antes e depois *dele.*

Nem sempre as citações envolvem motivo para o riso franco, mas, invariavelmente, nos oferecem material para saudáveis e bem-humoradas reflexões.

Bauru, dezembro de 2005.
site: www.richardsimonetti.com.br

Bem passada!

Num bate-papo informal entre confrades, falava-se das vantagens do conhecimento espírita em relação à morte.

Sucediam-se comentários animados:

– Será tranqüilo o nosso retorno...

– Sem dúvida! Afinal, sabemos o que nos espera...

– Não teremos nenhum problema de adaptação, o que não acontece com nossos irmãos de outras crenças...

– Coitados! Imaginam que vão dormir até o juízo final!...

– Manifestam-se perturbados, sem conhecimento de sua condição...

O pessoal estava animado com essa perspectiva, quando Chico *jogou água fria na fervura*:

– Jamais vi, em meus contatos com o Mundo Espiritual, um espírita que me dissesse estar contente com sua situação. Todos lamentam, e muito, não terem feito o que podiam, enquanto encarnados.

***

Que o Espiritismo é bênção de Deus, mostrando-nos as realidades além-túmulo, não padece dúvida.

Os aprendizes espíritas não experimentarão grandes dificuldades ao desencarnar.

Temos nas obras doutrinárias um bê-á-bá da vida espiritual.

No entanto, é bom lembrar uma observação de Jesus (Lucas, 12-48):

Muito será pedido àquele a quem muito se ofereceu.

Conhecimento é sinônimo de responsabilidade.

E mais: O conhecimento da verdade implica compromisso com ela.

E qual seria o nosso grande compromisso, diante dessa maravilhosa visão das realidades espirituais que a Doutrina Espírita nos oferece?

Kardec responde:

Reconhece-se o verdadeiro espírita por sua transformação moral e pelos esforços que realize em favor de sua renovação.

Somos chamados à decantada *reforma íntima,* abrangendo como pensamos, o que fazemos.

A Doutrina nos informa que:

- Não transitamos pela Terra em jornada de férias.

- Somos seres imortais que já vivíamos antes do berço e continuaremos a viver depois do túmulo.

- Aqui estamos com o objetivo primordial de *evoluir,* superando limitações e mazelas.

- É preciso vencer o egoísmo, o elemento gerador de todos os males humanos.

- Devemos nos harmonizar com as pessoas de nossa convivência, superando desentendimentos do passado ou do presente.

- A vivência das virtudes evangélicas constitui um exercício diário indispensável.

Dá para perceber que o Espiritismo não é mero passaporte para as bem-aventuranças, além-túmulo.

Situa-se muito mais como um roteiro.

Roteiro maravilhoso, diga-se de passagem, o *mapa da mina celestial,* mas com uma particularidade ponderável: tomar conhecimento dele é, implicitamente, assinar um termo de compromisso, mais ou menos assim:

Eu, fulano de tal, estou perfeitamente consciente das responsabilidades inerentes ao conhecimento espírita.

Assumo o compromisso de combater, com perseverança e tenacidade, as minhas mazelas e imperfeições, a pensar no Bem e praticar o Bem em todos os dias de minha vida, tendo por roteiro as lições de Jesus.

É bom tomar cuidado, portanto, evitando surpresas desagradáveis nos tribunais do Além.

Lembro pitoresca alegoria de Espíritos entrevistados pelo demônio, às portas do inferno.

O tinhoso, como um *gourmet* preparando assados, determinava as ardências a que se submeteriam, de conformidade com sua crença, na existência humana.

• Ateu.
- Não sabia nada. Rápida escaldada.

• Católico.
- Miopia espiritual. Chamuscada breve.

• Evangélico.
- Fé cega. Tostadinha, de leve.

• Espírita.
- Sabia tudo. Fritura. Bem passada!

A pulga

Entusiasmada com a revelação que lhe fora feita por um médium, a senhora comentou:

– Chico, recebi uma notícia maravilhosa!

– O que foi, minha irmã?

– Minha identidade nos tempos apostólicos!

– Beleza!

– Fui mártir. Estive no Circo Romano. Morri devorada por um leão!

Ante a admiração do médium, perguntou:

– E você, Chico, já sabe quem foi?

- Ah! minha irmã, sei sim...
- E daí? Estou curiosa...
- Fui a pulga do leão.

***

O episódio, que nos fala da humildade e do bom-humor de Chico, remete-nos a uma curiosa tendência, relativa às famosas *revelações*.

Geralmente, o *iluminado* foi rei, rainha, estadista, cientista, artista famoso...

Sempre alguém importante, que se destacou em determinado setor de atividade.

Não se ouve falar de lixeiro, operário, camponês, homem do povo...

Detalhe relevante, nesse assunto, amigo leitor:

Considerando que os que se destacam na política, nas artes, na religião, constituem minoria, certamente há algo de equivocado nessas *revelações* que privilegiam todos os consulentes.

A experiência demonstra que são produzidas por médiuns ou Espíritos espertos, interessados em incensar a vaidade das pessoas, a fim de conquistar sua confiança e admiração.

Raros não sentem inflar o ego ante a informação

de que foram figuras destacadas, em pretéritas existências.

Daí sua disposição em oferecer créditos de cega confiabilidade em favor desses "reveladores".

***

Não é prudente, portanto, nem conveniente, estarmos devassando o passado, à procura de títulos e honrarias.

Destaque-se que a simples estima por notícias dessa natureza é um atestado negativo.

Os Espíritos esclarecidos, que realmente ofereceram contribuições marcantes, aqueles que deixaram a Terra melhor do que a encontraram, não se interessam por glórias do passado.

Importa-lhes as realizações do presente, dando o melhor de si mesmos em favor do progresso e do bem-estar da Humanidade.

***

Mesmo sem procurar por *revelações*, podemos ter uma idéia do que fomos, analisando nossas tendências, nossa maneira de ser.

Mas, é preciso cuidado para não interpretar de forma equivocada os sinais.

Alguns exemplos:

- Gostar de roupas elegantes e caras.
  Suposição: dama da realeza.
  Realidade: costureira de modista.

- Apreciar finas iguarias.
  Suposição: rico e refinado *gourmet*.
  Realidade: cozinheiro.

- Tendência à solidão.
  Suposição: filósofo.
  Realidade: longo e solitário estágio no Umbral.

- Apreciar viagens.
  Suposição: desbravador de terras novas.
  Realidade: caixeiro-viajante.

- Amor à primeira vista.
  Suposição: reencontro com alma gêmea.
  Realidade: paixão delirante.

Mais interessante deixar o terreno das suposições e encarar a realidade.

Se Chico dizia-se a pulga do leão, é bem provável que tenhamos sido um *Dipylidium caninum*, o verme da pulga.

Amor e paixão

A jovem pergunta:

- Chico, amor é sinônimo de paixão?

- Ah! minha filha, amor é comidinha fresca, roupa lavada e passada, mamadeira prontinha... Paixão é como o Joelma, pega fogo e acaba tudo!

Com a simplicidade e a jovialidade dos sábios, o médium estabelece diferenças fundamentais entre esses dois substantivos, equivocadamente tomados à conta de sinônimos.

A paixão situa-se nos domínios do instinto, busca apenas a auto-afirmação, o prazer a qualquer preço, sem preocupações além da hora presente.

Estribando-se no desejo de comunhão sexual, a paixão é fogo arrebatador, que obscurece a razão e leva ao desatino, deixando, depois, apenas cinzas, como aconteceu com o Edifício Joelma.

George Bernard Shaw, com a irreverência que o caracterizava, dizia:

Não há diferença entre um sábio e um tolo, quando estão apaixonados.

***

O apaixonado ama como quem aprecia um doce.

Deleita-se!

É saboroso! Satisfaz o paladar!

Por isso logo deixa de amar, atendendo a várias razões:

- Saciou-se.

- Enjoou.

• Deseja novos sabores.

A partir daí, há campo aberto para o adultério e a separação, sem que a pessoa tome consciência do mal que causa ao parceiro e, principalmente, à prole, quando há filhos.

Enquanto perdura a paixão, podem ocorrer problemas mais graves e comprometedores:

• Crimes.

Bárbaros assassinatos são cometidos por amantes que se sentem traídos e negligenciados ou que foram abandonados. Perdendo o domínio sobre o parceiro, tratam de eliminá-lo, como quem joga fora um doce que azedou.

• Maus tratos.

É característica masculina, própria de machistas incorrigíveis, sempre dispostos a agredir para impor sua vontade, com o que apenas conturbam a relação, matando a afetividade na parceira.

• Suicídio.

Uma das causas mais comuns dessa ação nefasta, que precipita o indivíduo em sofrimentos inenarráveis no Mundo Espiritual, é a paixão contrariada. O sentir-se traído, negligenciado ou não correspondido.

***

O amor situa-se nos domínios do sentimento.

Sustenta-se numa regra básica: pensar no bem-estar do ser amado, com a consciência de que nossa felicidade está diretamente subordinada a esse empenho.

O amor que mais se aproxima desse ideal é o materno.

A mãe está disposta a todos os sacrifícios em favor do filho, porque o bem dele é o seu próprio bem.

É aquele *"espelho em que se mira, admirada, luz que lhe põe nos olhos novo brilho"*, conforme o poema famoso de Coelho Neto.

As uniões felizes, os casamentos que se estendem além da morte, ensejando reencontros felizes na Espiritualidade, são aqueles em que os cônjuges revelam maturidade suficiente para mudar de pessoa na conjugação do verbo de suas ações.

Da primeira do singular - *eu*, para a terceira - *ele*, permutando cuidados recíprocos, a se exprimirem em carinho e solicitude.

No livro *Trovas do Outro Mundo*, psicografado por Chico, o Espírito Marcelo Gama encerra o assunto:

De afeições anoto a soma
De todo ensino que há:
Paixão é o bem que se toma,
Amor é o bem que se dá.

Alimentar a alma

Por várias vezes, Chico declinou convite para uma pescaria.

Como houvesse insistência de amigos, acabou por aceitar, a fim de não sustentar uma recusa que poderia magoá-los.

Em bela manhã, reuniu-se o grupo à beira de um barranco no rio. Horas depois, o pessoal havia pescado boa quantidade de peixes.

Quanto ao médium, nem um mísero lambari!

Os peixes passavam junto ao seu anzol sem

nenhum interesse, e logo eram fisgados pelos demais pescadores.

Estranho!

Seria um fenômeno mediúnico?

Instado a responder sobre o assunto, Chico explicou:

- É que não coloquei a isca.

- Ora essa, por quê?

- Não queria incomodar os peixes...

***

A atitude de Chico é típica dos Espíritos evoluídos que vêm à Terra para grandiosas missões em favor da Humanidade.

Eles cultivam o que Albert Schweitzer chamava de *Reverência pela Vida.*

O notável médico alemão, uma das figuras humanas mais ilustres do século passado, era incapaz de matar uma mosca.

Dirá o prezado leitor que, levado às últimas conseqüências, esse princípio, seria o fim da vida animal na Terra, já que, vertebrados e invertebrados, não nos alimentamos de minérios.

Somos todos heterótrofos.

Fique tranqüilo. É uma palavra grande, não um palavrão.

Heterótrofos são os seres que não conseguem acumular energia diretamente, via luz solar, como os autótrofos (outra palavrona), os seres do reino vegetal.

Heterótrofos, estamos integrados na famosa cadeia alimentar, em que seres vivos alimentam-se de outros tantos.

Os Espíritos superiores vivem em planos mais altos do Infinito, onde não existem os hábitos alimentares que fazem a matança na Terra.

Quando aportam em nosso planeta para gloriosas missões, repugna-lhes a idéia de que devem se alimentar matando seus irmãos inferiores.

Daí essa *reverência pela vida,* exercitada por figuras inesquecíveis como Chico Xavier e Albert Schweitzer.

***

Mas, afinal, perguntará você, do que se nutrem os Espíritos que vivem em planos mais altos do Infinito?

Creio que a resposta está com Jesus (João, 4:32-34):

Meu alimento é fazer a vontade de meu Pai que está nos Céus!

A vontade de Deus é que nos amemos uns aos outros, conforme ensinava o Mestre, o que significa que o Amor é o alimento das almas.

E, quanto mais se aproxima o Espírito da perfeição, superando os liames da matéria, maior a sua capacidade de amar, nutrindo-se de amor, em planos onde inexistem as necessidades biológicas, em corpos de densa matéria.

***

Considerando que somos Espíritos encarnados, obviamente necessitamos de dois tipos de alimento:

Para o corpo, exercitando a heterotrofia...

Para a alma, exercitando o amor.

Quanto a este último, há um detalhe marcante.

Para alimentar a alma, não vale o amor que recebemos. Este apenas alimenta o ego. Só vale o amor que damos, exercitando o empenho de fazer ao próximo o bem que gostaríamos nos fosse feito, como ensinava Jesus.

Assim como é preciso alimentar o corpo, diariamente, é fundamental atender a alma. Pessoas que não o fazem, são subnutridas espiritualmente, habilitando-se a tristezas e angústias, em crônica infelicidade, a anemia da alma.

Por falar nisso, leitor amigo, você já alimentou sua alma hoje?

Entrar e sair

Havia restrições e comentários desairosos sobre pessoas que Chico costumava visitar.

- Não devia ir!

- É gente de má vida!

- Não fica bem!

Preocupado, o médium expôs o assunto a Emmanuel:

- O senhor acha então que não devo entrar lá?

- Pode, sim, Chico. Apenas desejo saber como vai sair.

***

Há, nesse sugestivo episódio, alguns aspectos que merecem nossa atenção.

O primeiro diz respeito ao velho problema do preconceito, atavismo psicológico que trazemos desde os tempos bíblicos, em que o contato com as chamadas pessoas de má vida era proibido, sob pena de contaminação ou, pior, de identificação.

Uma espécie de *dize-me com quem andas e te direi quem és,* que pode ter uma dose de verdade, mas passível de inibir qualquer tentativa de ajudar alguém cujo comportamento fuja aos *bons costumes.*

Um dos problemas de Jesus dizia respeito às críticas dos fariseus, sempre dispostos a *encontrar chifre em cabeça de cavalo,* buscando comprometê-lo.

Certa feita, perguntaram aos seus discípulos por que ele se relacionava com cobradores de impostos e pecadores.

Ouvindo a conversa, o Mestre fez um comentário antológico (Mateus, 9:12):

Os sãos não precisam de médico, mas sim os doentes.

A chance dos *maus* superarem suas tendências está justamente em não serem discriminados pelos *bons,* dispostos estes a lhes oferecer referencial adequado, com a força do exemplo.

***

Há a questão do julgamento, a ser levada em consideração.

No Sermão da Montanha, Jesus proclama que tendemos a enxergar ciscos em olhos alheios e não observamos lascas de madeira em nossos olhos.

Traduzindo: identificamos nos outros o que existe amplamente em nós.

Outro detalhe: se, não obstante a advertência de Jesus, resolvemos *"apreciar"* o comportamento alheio, imperioso conhecer todos os detalhes, a fim de não incorrermos em injustiça.

O Espírito Hilário Silva, em psicografia de Waldo Vieira, no livro *A Vida Escreve,* narra ilustrativo episódio ocorrido com diretor de Centro Espírita, preocupado com um companheiro que fora visto, várias vezes, entrando, no dizer discreto do autor, *numa casa suspeita, lugar tristemente adornado para encontros clandestinos de casais transviados.*

Indo até o local, esperou que ele saísse, por volta de meia-noite, quando o admoestou severamente e, não satisfeito em ouvir que estava ali em missão de paz, procurando recuperar uma jovem inexperiente, dispôs-se a confirmar a informação, ignorando os apelos do companheiro, que lhe implorava não o fizesse.

Enfatiza o autor:

E sem mais nem menos entrou casa a dentro, encontrando, num pequeno salão, sua própria filha chorando ao pé de um cavalheiro desconhecido.

***

Há círculos religiosos que revivem as restrições dogmáticas do passado, enfatizando a necessidade de evitar a "contaminação".

Carnaval - nem pensar!

Festas mundanas - tentação!

Bar - casa do demônio!

Contato com os Espíritos - perdição!

Estendem-se restrições variadas, inibindo a iniciativa.

O Espiritismo, doutrina da consciência livre, não impõe nada, partindo do princípio de que a responsabilidade é uma planta frágil que deve crescer em clima de liberdade.

Podemos entrar onde nos aprouver.

O cuidado, como adverte Emmanuel, está em saber como estaremos ao sair.

Saúde é trabalhar

Ao longo de sua luminosa trajetória, Chico experimentou inúmeros problemas de saúde, sem permitir que os males físicos o inibissem.

Indagado, certa feita, se em algum momento sentira impaciência ou revolta, explicou:

– Não sofro tanto assim, porque a ciência médica está bastante avançada. Tenho, por exemplo, um processo de catarata inoperável e há décadas faço a medicação em meus olhos, com muita calma, porque considero, conforme me ensinou Emmanuel, que *a possibilidade de ver já é um privilégio.*

Notável postura, não é mesmo, leitor amigo? Um convite à reflexão em torno de males que não nos afligiriam tanto, se não os imaginássemos capazes de paralisar nossas iniciativas e descolorir nossa existência.

A forma como o mentor espiritual sedimentou-lhe essa convicção é bastante pitoresca.

Certa feita, lutando por debelar um processo hemorrágico no olho direito, Chico deixou de participar dos trabalhos mediúnicos por dois dias.

Emmanuel veio vê-lo.

- Por que não está trabalhando?

E Chico, ensaiando agastamento:

- Como o senhor sabe, estou com um olho doente.

O guia não deixou barato:

- E o outro, o que está fazendo? Ter dois olhos é luxo!

Chico conclui, após relatar o episódio:

- Poder trabalhar, não obstante a doença, já é quase saúde.

***

Diariamente, milhões de brasileiros justificam sua ausência no serviço, apresentando atestados médicos, a informar que estiveram impossibilitados de exercer suas funções.

Há algo do chamado *jeitinho brasileiro* em muitas dessas iniciativas, com as quais se pretende *matar* o serviço, em favor de alguns dias no *dolce fare niente* dos italianos.

Em relação às atividades espirituais e filantrópicas, no Centro Espírita, acontece com freqüência maior, lamentavelmente.

Isso porque não há necessidade de atestado. Geralmente, os faltosos nem se dão ao trabalho de avisar, ocasionando sérios embaraços em determinados setores.

Particularmente na atividade mediúnica, tal comportamento é altamente danoso, porquanto, não raro, um planejamento cuidadosamente elaborado pelos benfeitores espirituais é prejudicado pela ausência de um ou mais participantes.

Deixam de comparecer por motivos triviais:

- Chuva.

- Frio.

- Cansaço.
- Desinteresse.
- Sono.
- Visita.
- Mal-estar.

Com relação a este último motivo, não se dão conta os médiuns de que, frequentemente, uma enxaqueca, uma dor, uma tensão nervosa, um *ânimo caído,* decorrem da presença da entidade que deverá comunicar-se por seu intermédio.

Os mentores espirituais antecipam a ligação, a fim de que ocorra melhor familiaridade com o Espírito, favorecendo a manifestação.

O médium, que deveria saber disso, deixa de comparecer, por *estar doente.*

***

Em qualquer situação, no dia-a-dia, oportuno lembrar que o trabalho é o melhor remédio para nossos males.

Como o próprio Chico ensina, trabalhar, mesmo

estando doente, já é um começo de recuperação.

Espiritualmente, haverá demonstração mais exuberante de saúde do que alguém disposto a servir, mesmo estando doente?

Um lugar para morar

No auge da guerra fria, o confronto ideológico entre União Soviética e Estados Unidos, na década de 60, havia a ameaça de uma hecatombe nuclear, à medida que "esquentava" a disputa entre as duas potências, temendo-se que uma delas tomasse a iniciativa de resolver as pendências, usando bombas atômicas.

Conversando com Chico, um visitante, preocupado com aquela perspectiva sombria, perguntou:

– O que vai ser de nós, se soviéticos e americanos

botarem fogo em nosso planeta, acabando com a Humanidade?

Chico, com aquela tranqüilidade mineira que o marcava, respondeu:

– Não se preocupe, meu irmão. Deus arranjará outro lugar pra gente morar.

Notável sua lucidez, evocando uma realidade:

A Terra é apenas uma das muitas *moradas do Pai,* a que se referia Jesus. Se a estultice humana destruir o planeta, haverá outros mundos, onde poderemos continuar a jornada evolutiva, rumo à perfeição.

***

Na questão 55, de *O Livro dos Espíritos,* Kardec pergunta:

São habitados todos os globos que se movem no espaço?

Responde o mentor espiritual:

Sim, e o homem terreno está longe de ser, como supõe, o primeiro em inteligência, em bondade e em perfeição. Entretanto, há homens que se têm por Espíritos muito fortes e que imaginam pertencer a este pequenino globo o privilégio de conter seres racionais. Orgulho e vaidade! Julgam que só para eles criou Deus o Universo.

Afirmativa surpreendente, se considerarmos que o *Livro dos Espíritos* foi publicado em 1857, num tempo em que prevalecia a idéia de que uma estrela com uma família de planetas, como o Sol, era um fato isolado, bem como a existência de vida biológica.

Mesmo os demais planetas de nosso sistema seriam estéreis. Demasiado quentes ou frios, em desoladas e desertas paisagens.

***

De lá para cá mudou a visão dos cientistas.

Hoje se admite o contrário: estrelas quase sempre têm satélites orbitando. Mais de cem planetas foram descobertos nos últimos anos, fora de nosso sistema, e a cada dia esse número aumenta.

Considerando que só na Via Láctea, a galáxia a que pertence nosso sistema solar, há perto de cem bilhões de estrelas e que ela própria é apenas uma dentre bilhões de aglomerados estelares, nem o mais cético cientista poderia negar a existência de vida inteligente fora da Terra, em incontáveis planetas.

***

Certamente, iremos para um deles, quando a Terra deixar de existir, por loucura humana, ou em decorrência do desgaste do Sol, que, como toda fornalha, acabará por consumir o combustível de que se alimenta.

De qualquer forma, não há motivo para temores.

Por loucura humana, a possibilidade é cada vez mais remota, à medida que os governos tomam consciência de que não haveria vencedores nem vencidos – todos pereceriam.

Por apagão solar, vai demorar um "pouquinho": perto de cinco bilhões de anos, segundo estimativas científicas.

Até lá teremos alcançado a promoção a Espíritos puros, isentos das experiências reencarnatórias.

Viveremos em dimensões espirituais ancoradas pelos incontáveis mundos que giram no Universo (do tipo descrito por André Luiz, na admirável série *Nosso Lar*), o que justifica a resposta do mentor espiritual, quando confirma que *todos* os globos são habitados, incluindo os demais planetas de nosso sistema e os inumeráveis sistemas que giram no Universo.

É algo compatível com o bom senso.

Deus, que nada faz sem razão ponderável, não iria criar miríades de mundos apenas para nossa contemplação, mesmo porque o que vemos do Universo não chega a constituir uma só gota d'água num oceano sem fim.

Jamais seremos um *sem-mundo,* como existem os *sem-terra* ou *sem-teto,* em nosso país.

Sempre haverá um lugar pra gente morar.

Em favor da ecologia

Chico Xavier tinha uma horta no fundo do quintal.

Certa feita, foi invadida por formigas.

Um companheiro, que dividia com ele a residência, dispôs-se a combatê-las com veneno, resistindo aos apelos do médium para que as poupasse.

– São nocivas! – enfatizava.

À tarde, véspera do holocausto insetívoro, o médium foi até a horta e, após orar, dirigiu-se às "condenadas":

– Minhas queridas irmãs, o fulano está prestes a cometer um *formigocídio*. Virá amanhã cedo para envenená-las. Peço-lhes, por amor de Deus, que se retirem. Não gostaria de vê-las mortas!

No dia seguinte, quando o exterminador preparava-se para cumprir a sinistra tarefa, constatou, admirado, que não havia uma só "condenada" no local.

As invasoras haviam debandado, atendendo ao apelo do médium.

***

Não é novidade a possibilidade de comunicação com os chamados seres inferiores, tanto do reino vegetal como do animal, principalmente quando exercitada com pureza de sentimentos.

Francisco de Assis chamava irmãos a todos eles. Há episódios notáveis em sua convivência com pássaros e animais silvestres que, sem nenhum temor, dele se aproximavam.

E também animais ferozes. É famoso o episódio do lobo que amedrontava os habitantes de Gúbio, vilarejo italiano.

Diante da fera, falou Francisco, com a mansuetude que o caracterizava:

– *Irmão lobo, tu fazes muitos danos nesta terra, e grandes malefícios, destruindo e matando as criaturas de Deus sem Sua licença; e não somente mataste e devoraste os animais, mas tiveste a intenção de matar os homens feitos à imagem de Deus. És digno da forca pelo que fazes. Toda a gente grita e murmura contra ti, e toda esta terra te é inimiga. Mas eu quero fazer a paz entre ti e eles; de modo que tu não mais os ofenderás, e eles te perdoarão todas as passadas ofensas, e nem homens nem cães te perseguirão mais.*

Conta-se que após essa admoestação, o lobo tornou-se manso como um cordeiro. Passeava tranqüilo pelas ruas de Gúbio, estimado pela população, que dele sentiu falta quando desencarnou.

Se lhe parece estranho esse *desencarnou,* prezado leitor, saiba que, conforme nos ensina a Doutrina Espírita, o princípio espiritual que sustenta os seres vivos, nos reinos inferiores, também passa por incontáveis experiências reencarnatórias, atendendo aos imperativos de sua evolução, desenvolvendo-se em complexidade, até transformar-se em Espírito, o ser pensante da Criação.

***

Também os vegetais, dotados de um princípio espiritual que os anima, reagem aos estímulos humanos, tanto benéficos quanto maléficos.

Não constituem novidade relatos sobre pessoas que conversam com plantas e de que elas correspondem à sua iniciativa, apresentando-se mais viçosas e belas.

Por outro lado, há aqueles que experimentam dificuldades. As plantas sob seus cuidados estão sempre mirradas e sem viço.

Não se trata propriamente de uma questão de boa ou má índole, mas de exercício do amor.

Plantas e animais não são dotados do pensamento contínuo, da capacidade de raciocinar e discernir em seus contatos com os humanos, mas são sensíveis às nossas ações e vibrações.

Testes realizados por Clive Baxter, criminalista americano, usando sofisticada aparelhagem, demonstram que os vegetais reagem às intenções daqueles que lidam com eles e podem ser condicionados de conformidade com as influências que sofrem.

***

Missionários como Francisco de Assis e Chico Xavier evidenciam que podemos operar prodígios com animais e vegetais, se cuidarmos deles com boas palavras, carinho e solicitude.

O amor é o grande instrumento para superar problemas de comunicação impostos pelas limitações de nossos irmãos nos reinos inferiores da Criação, dando-lhes condições para que se desenvolvam e vivam de forma saudável, sem maiores transtornos.

A experiência demonstra as vantagens de exercitar o amor no trato com a Natureza, permitindo-nos dispensar bactericidas, formicidas, fungicidas, germicidas, herbicidas, inseticidas, parasiticidas, pesticidas e outros *cidas,* venenos que perturbam o equilíbrio ecológico.

Parafraseando Simão Pedro, em sua Primeira Epístola (4:8), diríamos que só o amor cobrirá a multidão de danos que causamos à Natureza.

A água da paz

Nos primeiros tempos de atividade como médium, em Pedro Leopoldo, Chico aborrecia-se quando algumas pessoas, ainda que amigáveis, discutiam acaloradamente sobre sua mediunidade.

Numa dessas ocasiões, viu sua mãe desencarnada, Dona Maria João de Deus, que o aconselhou a evitar os atritos, usando a *água da paz.*

Animado, o médium procurou o medicamento nas farmácias da cidade e até em Belo Horizonte, infrutiferamente.

Na primeira oportunidade em que a mãezinha veio até ele, comentou sua dificuldade.

Ela sorriu:

– O remédio está em sua casa, ao alcance de suas mãos. Quando alguém lhe provocar irritações, pegue um copo d'água, beba-a um pouco e conserve o resto na boca, sem engolir. Enquanto durar a tentação de responder, deixe-a banhando a língua. Essa é a água da paz.

***

Santo remédio!

Desentendimentos, brigas e até agressões são disparados no famigerado bate-boca, em que a pessoa fala o que quer e ouve o que não quer, na base do *dize-tu-direi-eu.*

Quando arde o cérebro e esquenta a boca, a língua ferve!

Fica impossível contê-la.

Eleva-se o tom, alteram-se os ânimos, explodem palavrões, instala-se a desarmonia!

Por uma má palavra, sucedida de muitas, em recíprocas ofensas, casamentos são desfeitos, filhos abandonam o lar, amizades se deterioram, empregos são perdidos, a vivência religiosa fica comprometida.

Diz André Luiz que, quando nos deixamos dominar pela cólera, resvalamos para estágios primitivos de comportamento, extravasando a inferioridade que ainda há em nós. É como uma pane mental, em que perdemos o controle de nossas emoções.

A partir daí, tudo pode acontecer.

Há até quem vai parar na prisão, envolvido em assassinato.

Os jornais são pródigos em notícias dessa natureza.

- Matou o irmão por causa de uma discussão.

- Motorista mata o causador de um acidente.

- Funcionário mata o chefe que o advertiu.

- Policial mata o infrator de trânsito que o desacatou.

- Torcedor é morto pela torcida do time adversário.

Incrível! Um minuto de invigilância, e eis a vida complicada!

***

A receita de Dona Maria João de Deus é o santo remédio.

Se o ambiente começa a esquentar, se a língua ameaça ferver, água da paz nela!

Quando um não quer, diz a sabedoria popular, dois não brigam - não gritam, não xingam, não se agridem, não se matam...

Um amigo costuma carregar uma garrafinha d'água, por onde vai.

Hábito salutar, principalmente nos dias quentes.

- Cuidando da hidratação?

- E também de manter a língua fria! Aprendi com Chico Xavier.

***

Há variantes para a água da paz, que se aplicam no lar, com excelentes resultados.

Ao casar-se, o noivo combinou com a eleita um providencial "passeio da paz".

Sempre que o "clima" esquentasse no lar, um dos dois fecharia a boca e iria dar uma caminhada no campo.

Foi ótimo, favorecendo a salubridade do ambiente doméstico.

Além do mais, ambos tinham aspecto saudável, corado, próprio de quem vai freqüentemente ao campo.

***

Não nos deixes cair em tentação, mas livra-nos de todo mal...

Quando analisamos essas expressões do Pai Nosso, sempre imaginamos que Jesus reporta-se aos nossos comprometimentos com a riqueza, o sexo, o poder, o vício...

Consideremos algo mais: a tentação de dizer o que pensamos, sem pensar no que dizemos!

Atentemos à recomendação de Casimiro Cunha, em psicografia de Chico:

Meu amigo, se desejas
Paz crescente e guerra pouca,
Ajuda sem reclamar
E aprende a calar a boca.

Besta útil

Chico psicografava as poesias que dariam origem ao seu primeiro livro, *Parnaso de Além-Túmulo.*

Um amigo, impressionado com a beleza daqueles versos, decidiu confiá-los à apreciação de um escritor mineiro de passagem por Pedro Leopoldo.

Após examinar superficialmente maravilhosos ensaios poéticos de Augusto dos Anjos, Casimiro Cunha, João de Deus, Olavo Bilac e outros, eis que o escritor, materialista convicto, sentenciou:

– Isso tudo é bobagem. Esse rapaz é uma besta!

O amigo agastou-se. Era preciso respeitar Chico, na sua condição de médium espírita.

O escritor não se impressionou.

– Muito bem! Podemos dizer, então, que é uma besta espírita!

À noite, em contato com sua mãezinha desencarnada, Dona Maria João de Deus, Chico reclamou:

– A senhora viu, mamãe, como fui insultado?

– Não vejo insulto algum. Você foi até honrado. Uma besta é animal de trabalho...

– Mas o homem me chamou de besta espírita!

– Tudo bem, meu filho. Imagine-se como uma besta a serviço do Espiritismo. Se a besta não dá coices, é valiosa e útil.

Ante a perplexidade do filho, indagou:

– Não é assim mesmo?

– É, pensando bem, a senhora tem razão.

E o problema foi superado.

***

O escritor mineiro evoca bem o intelectual orgulhoso, que se julga dono da verdade. Instalado em suposto olimpo de sabedoria, contempla o

Mundo a partir de uma ótica desfocada por seu egocentrismo.

Não tem olhos para produções alheias. Quando o faz, é sempre no propósito de encontrar defeitos e falhas que depreciem o autor, situando-o em posição de inferioridade. Recusando-se à análise mais profunda, limita-se a denegri-lo com comentários desairosos.

O escritor consultado tinha um tesouro nas mãos. No entanto, foi incapaz de apreciá-lo, cego pela presunção, exemplo perfeito da severa observação de Jesus (Mateus, 7:6):

Não devemos oferecer pérolas aos porcos

***

Há, também, a ignorância atrevida do religioso, que se recusa a examinar qualquer princípio que se refira a alheia crença, pretendendo que a sua lhe basta, a exprimir conceitos definitivos.

Com relação ao Espiritismo, um agravante - o preconceito.

- É coisa do demônio! - afirma.

Recusa-se até mesmo a compulsar textos espíritas, sob a alegação de que não quer ser contaminado por idéias diabólicas.

Concepção extravagante. Se o Espiritismo, que ensina o Bem, enfatiza o esforço em favor do próximo e exalta a caridade como base de construção de uma sociedade cristianizada, é inspiração do diabo, este, certamente, já não é o mesmo.

Aleluia! Converteu-se, finalmente!

Todo adepto do Cristianismo deveria levar em consideração duas observações importantes:

A primeira, de Jesus, quando enfrentou o mesmo problema em relação ao judaísmo dominante, acusado de operar prodígios com a ajuda do tinhoso (Mateus, 12:25-26):

– Todo reino dividido contra si mesmo será destruído e toda cidade ou casa dividida contra si mesma não subsistirá. Se o diabo expulsa o diabo, está dividido contra si mesmo; como, então, subsistirá o seu reino?

A segunda é do apóstolo Paulo (Tessalonicenses I, 5:21):

Examinai tudo, retende o que é bom.

***

Fica a lição de Dona Maria João de Deus.

Ainda que menosprezados e enfrentando o preconceito, competе-nos, como espíritas, servir sempre, como ensinava Jesus, fazendo tanto e tão bom, no esforço do Bem, que os críticos se vejam obrigados a engolir os comentários desairosos, em atenção a outra observação de Jesus (Mateus 7:18):

Uma árvore boa não pode dar maus frutos, nem uma árvore má pode dar frutos bons.

Encontro no céu

Chico, como ocorre com a maior parte dos brasileiros, teve formação católica. Freqüentou a igreja desde os verdes anos, levando a sério a vocação religiosa em que haveria de pontificar.

Qual não foi a sua surpresa quando, em 1931, após a publicação de *Parnaso de Além-Túmulo,* um sacerdote proclamou no púlpito, peremptório:

– Esse médium espírita deve ir para o inferno!

Chico, que iniciava seu trabalho, sentiu-se qual filho rejeitado pela própria mãe.

Não podia entender como o fato de ser um intermediário dos Espíritos, algo que deveria interessar a todos os círculos religiosos, como uma abençoada comprovação de que a vida continua, além-túmulo, seria o seu passaporte para as caldeiras do Pedro Botelho.

Pela vidência mediúnica, reclamou com o Espírito Maria João de Deus, sua mãe desencarnada.

Ela respondeu, tranqüila:

– Cada um fala o que quer. Se ele o mandou para o inferno, você não vai. Fique aqui mesmo na Terra.

O bom humor materno ajudou o médium a superar sua perplexidade, e tudo ficou em paz.

***

Em épocas recuadas, tínhamos na Terra os *procuradores de Deus,* clérigos que se julgavam investidos do poder de salvar as almas ou condená-las a irremissível inferno.

Florescia o comércio das indulgências, que facultava aos defuntos de futuro duvidoso o passaporte para o paraíso, a peso de ouro pago por suas abastadas famílias.

Foi uma das motivações da Reforma Protestante, iniciativa de Lutero, que condenou veementemente tais práticas, situando-as como incompatíveis com a moral evangélica, no que estava absolutamente certo.

Isso tudo vai sendo superado.

Sacerdotes conscientes e esclarecidos sabem que ninguém tem esse poder, já que nosso destino, quando *batermos as botas,* será determinado por nossas ações, não por clericais indicações.

***

Afinal, perguntará o leitor, o inferno existe mesmo?

Não será invenção dos teólogos para amedrontar os ímpios?

Em princípio, podemos dizer, lembrando Jesus, que Céu ou inferno são estados de consciência.

Explica o Mestre (Lucas, 17:21):

– ... *O Reino de Deus está dentro de vós.*

Obviamente, o inferno também. Tudo depende do que fazemos, da natureza de nossos sentimentos e ações.

Não obstante, se reunirmos duas ou mais pessoas atormentadas, agressivas e infelizes, em determinado lugar, podemos imaginar que ali está uma sucursal do *lá-de-baixo*.

Freqüentemente, pessoas que se divorciaram, alegam que a vida conjugal transformara-se em infernal tortura.

Diz a esposa:

- Meu marido queria levar-me à loucura com seu mutismo. Uma múmia!

Diz o marido:

- Mulher em permanente tensão pré-menstrual, como a minha, é obra-prima do capeta! Não agüentava mais!

Marido embutido, mulher neurótica são fórmulas explosivas que detonam o casamento.

Dois confrades conversam sobre problemas conjugais.

Diz o mais experiente, da velha guarda:

- É o carma. O lar às vezes se transforma num inferno, envolvendo velhos desafetos, para que paguem suas dívidas.

- Ainda bem que a gente pode sair...

- Pode, mas não deve! Ou voltarão juntos!

- Cruzes! Isso é sadismo divino! Devemos comer o pão que o diabo amassou?!

- Sem reclamar...

Não se assuste, amigo leitor. Não é bem assim.

Os problemas de relacionamento no lar sustentam-se muito mais no comportamento do presente do que nos conflitos do pretérito.

Considere que o objetivo primordial do matrimônio não é "o pagamento de dívidas", mas a harmonização da família.

Para tanto, é preciso que alguém tome a iniciativa de observar as orientações de Jesus, capazes de edificar o Céu em nossas consciências, com exercício de valores evangélicos, como compreensão, tolerância, bondade, carinho, paciência...

Nesse empenho, talvez o cônjuge não corresponda, em princípio, às nossas expectativas, convidando-nos a "ir para o inferno", como fez o sacerdote com Chico, mas não precisamos ir.

Ao contrário, mostremos ao cônjuge uma nesga de nosso Céu, amando-o apesar de tudo, e fatalmente ele acabará sentindo-se tentado a nos encontrar nele.

As lentes do Evangelho

Meu amigo, estas são as roupas que consegui arranjar para você. Por favor, leve-as, mas não faça barulho para não assustar minhas irmãs, que estão apavoradas...

Este inusitado bilhete foi escrito por Chico, deixado com uma trouxa de roupa no alpendre de sua casa.

É que, no dia anterior, um amigo do alheio levara as roupas que estavam no varal. Certamente, neófito na "arte" do furto, fizera barulho no quintal, apavorando as irmãs do médium. Daí o seu pedido para que fosse cuidadoso.

Obediente, o "visitante furtivo" recolheu a dádiva com cuidado, guardando silêncio.

Com a bondade que o caracterizava, Chico identificou não o larápio que deveria ser abominado e castigado, mas o irmão que precisava de ajuda.

Se usarmos as lentes do Evangelho, perceberemos que a motivação maior dos criminosos é a necessidade.

Sem uma educação adequada, sem bons exemplos no lar, o carente vê na marginalidade a melhor possibilidade de resolver seus problemas.

Destaque-se, nesse particular, o abençoado trabalho das instituições filantrópicas, as associações de moradores, as organizações religiosas que atendem favelas e vilarejos paupérrimos, reduzindo a criminalidade.

Muito mais se fará, quando a população ativa, na classe média e abastada, envolver-se com esse trabalho, combatendo a miséria que cresce na periferia, a fim de que não se derrame sobre a cidade, em ondas de violência.

***

Você dirá, leitor amigo, que há facínoras que mais parecem feras, a agir sem o mínimo respeito pela vida humana. Estes certamente precisam dos rigores da justiça, mas representam uma minoria.

A vasta maioria dos criminosos é constituída de pessoas de poucas letras, sem discernimento e mal orientadas, que podem mudar de rumo ou evitar desvios maiores, se estivermos dispostos a ajudá-las, exercitando a misericórdia, virtude evangélica sempre esquecida quando lidamos com aqueles que nos causam prejuízos.

E ainda que sigam sua sina, atendendo à própria imaturidade e às tendências milenarmente cultivadas, teremos depositado em suas almas atormentadas as sementes do Bem.

Mais cedo ou mais tarde, elas germinarão, a inibir seus impulsos agressivos, estimulando-os ao esforço da própria renovação.

***

Aqueles que passaram pela experiência dramática de um assalto à mão armada ou por um simples furto, experimentam, normalmente, dificuldade em enxergar no criminoso um irmão em necessidade.

Encaram-no como alguém que perdeu a humanidade, uma fera perigosa que deveria ser sumariamente eliminada.

Essa reação nos oferece a medida exata de como estamos distanciados dos valores evangélicos.

Diz Jesus:

... *Se alguém vos bater na face direita, oferecei-lhe também a outra* (Mateus, 5:39).

... *Se alguém vos obrigar a caminhar uma milha, ide com ele duas...*(Mateus, 5:41).

... *Perdoai não sete vezes, mas setenta vezes sete* (Mateus, 18:22).

Enquanto essas recomendações constituírem meras palavras para nós; enquanto estagiarem efemeramente em nosso cérebro, sem descer ao coração, teremos muita dificuldade para lidar com situações dessa natureza.

Mas vamos aprendendo que não estaremos fazendo favor ao criminoso, se nos dispusermos a cumprir o Evangelho. Apenas o mínimo necessário para que sigamos em frente, sem traumas maiores, capazes de paralisar ou comprometer nossa existência.

O poder da fé

A jovem tinha grave problema nos pulmões.

Magra e abatida, experimentava a prostração dos tísicos.

O médico indicara vários remédios.

Procurou Chico. Mostrou-lhe a receita.

- Devo tomar por trinta dias, mas não tenho dinheiro para comprar os medicamentos.

O médium, pobre também, com encargos familiares, lamentou:

- Minha filha, infelizmente não tenho com que

ajudá-la. E meu pagamento vai demorar. Mas peça à Mãe Santíssima e o socorro não lhe faltará. Quais são os horários da medicação?

– Pela manhã e à noite.

– Corte a receita em sessenta pedacinhos e, no momento de usar o remédio, rogue a proteção de Maria Santíssima. Tome um pedacinho da receita com água que será abençoada por ela. Repita duas vezes, diariamente, no horário marcado.

A enferma agradeceu e partiu.

Passado um mês, tornou ao Centro.

Estava corada, saudável, feliz...

– Pois é, Chico. Conforme sua recomendação, pedi socorro à Mãe Santíssima. Engoli os pedacinhos do papel da receita e estou ótima!

***

Este curioso episódio nos remete aos mistérios da fé, que definiríamos como uma convicção plena em alguém ou em alguma coisa.

Jesus dispensava os beneficiários de suas curas, dizendo-lhes (Marcos, 5-34):

A tua fé te salvou!

Não que premiasse a fé. Simplesmente, demonstrava que ela é fundamental, estabelecendo uma conexão entre nós e os poderes espirituais que nos conduzem.

Há quem diga:

- Tenho fé, mas Deus não me ouve.

É porque exercita mera expressão verbal. É o falar "da boca para fora".

Se o coração não palpita no compasso das palavras, vã será a nossa fé.

***

Duas perguntas:

A fé é fruto de merecimento?

Ou é merecimento ter fé?

As duas alternativas estão corretas.

Acredito que ocorra freqüentemente a primeira – fé por merecimento.

Imagine, leitor amigo, alguém que, em face de uma existência digna, honesta, virtuosa, mereça a cura de determinado mal. Não obstante, é preciso, conforme Jesus, que se abasteça do fogo sagrado – a fé.

Então, durante as horas de sono, mentores espirituais conversam com ele, na Espiritualidade, dizendo-lhe que fique tranqüilo. Cultive a oração com a certeza de que receberá a bênção desejada.

Daí sua íntima convicção, ao despertar, de que o problema será superado a partir da intervenção de determinado médico, médium ou recurso medicamentoso; e até mesmo de uma fantasia, envolvendo uma receita médica dividida em sessenta pedaços.

Foi o que aconteceu com a jovem.

***

Consideremos a segunda alternativa.

Se, em face de uma doença, dificuldade ou problema, oro ardentemente, com a plena convicção de que receberei ajuda da Providência Divina, estarei criando condições para ser beneficiado.

É o merecimento da fé.

Posso não alcançar inteiramente a graça desejada, se não se completou o resgate, ou não tenho méritos suficientes para tanto.

Não obstante, serão significativamente amenizados e abreviados os meus padecimentos.

***

Seja a fé por merecimento ou o merecimento da fé, importante que cultivemos a oração, porque, se a fé estabelece a sintonia, é a oração que sustenta a ligação com os poderes espirituais que nos governam, a nos favorecerem com suas dádivas.

A fé pode encarar sessenta pedaços de papel de uma receita como poderoso medicamento, mas é a oração contrita que estabelecerá precioso canal para a captação das bênçãos do Céu.

O manto sagrado

Após a publicação de *Parnaso de Além-Túmulo,* um sacerdote escreveu ácida crítica.

Ridicularizando o livro, comentou que o médium devia ter pele de rinoceronte, para acolher tantos Espíritos.

Jovem e inexperiente, Chico ficou chocado. Tenso, foi possuído por intolerável dor de cabeça. E cogitava, intimamente:

- Valia a pena ser médium e ficar exposto a

comentários ferinos? Seria justo agüentar tantas ofensas, se estava imbuído das melhores intenções?

Surgiu Emmanuel.

O médium abriu-se com ele, falando de suas mágoas.

O mentor, porém, falou-lhe com firmeza:

- Não vejo razão para solenizar esse assunto.

- Mas o padre disse que eu tenho pele de rinoceronte!

- Se não tem, precisa ter! Se cultivar uma pele frágil, se ressentirá de qualquer alfinetada e não nos será possível o trabalho no campo mediúnico.

O médium não se conformava.

- Temos a nossa dignidade... É difícil conviver com o desrespeito alheio.

Emmanuel redargüiu, com firmeza:

- Escute. Se Jesus, que era Jesus, saiu da Terra pelos braços da cruz, o que você está esperando? Uma carruagem para transitar entre os homens?

A advertência foi dura, mas incisiva e inquestionável, suficiente para o médium perceber o engano em que incorria. Refazendo-se para o trabalho, logo se livrou da incômoda dor de cabeça.

Ela apenas refletia sua exacerbada indignação, natural num homem comum, mas inadequada num servidor do Cristo.

Jamais cumpriremos o que Jesus espera de nós, se nos deixarmos influenciar pela maledicência.

***

Nos caminhos da medicina psicossomática, amplia-se a concepção de que a saúde e a enfermidade guardam correspondência com nossos estados íntimos.

Receber mal uma crítica, fazer perdurar a indignação, deixar fluir a raiva, são reações perigosas, que, num primeiro momento, podem nos levar a cometer desatinos.

Ainda que nos contenhamos, disparam problemas variados, de ordem física e espiritual.

Distúrbios circulatórios, gástricos, dermatológicos, oftálmicos e muitos mais se instalam, não raro, a partir de nosso descontrole emocional diante de algo desagradável que nos façam ou falem.

O mesmo ocorre em relação a desajustes espirituais, nascidos da influência de Espíritos obsessores, que aproveitam as brechas que abrimos em nossas defesas psíquicas quando perdemos a serenidade.

Milênios adiante de seu tempo, Jesus já nos ensinava o segredo da saúde perfeita (Lucas, 6:27-28):

Amai os vossos inimigos, fazei o bem aos que vos aborrecem, bendizei os que vos maldizem, orai pelos que vos caluniam.

A propósito, há uma interessante observação em *O Evangelho segundo o Espiritismo,* em mensagem assinada por *Um Espírito Amigo,* no capítulo IX, *Os que são brandos e pacíficos:*

Sede pacientes.

A paciência também é uma caridade e deveis praticar a lei de caridade ensinada pelo Cristo, enviado de Deus.

A caridade que consiste na esmola dada aos pobres é a mais fácil de todas.

Outra há, porém, muito mais penosa e, conseqüentemente, muito mais meritória: a de perdoarmos aos que Deus colocou em nosso caminho para serem instrumentos do nosso sofrer e para nos porem à prova a paciência.

A vida é difícil, bem o sei. Compõe-se de mil nadas, que são outras tantas picadas de alfinetes, mas que acabam por ferir.

Se, porém, atentarmos nos deveres que nos são impostos, nas consolações e compensações que, por outro lado, recebemos, haveremos de reconhecer que são as bênçãos muito mais numerosas do que as dores.

O fardo parece menos pesado, quando se olha para o alto, do que quando se curva para a terra a fronte.

Resumindo, amigo leitor: Seguiremos incólumes, ante as alfinetadas alheias, se protegermos nossa "pele" com o sagrado manto das virtudes evangélicas.

Vá com Deus

Atrasado, Chico seguia apressado para o serviço.

Ao passar pela residência da senhora Alice, freqüentadora do Centro, ela veio ao seu encontro:

- Chico, estou esperando por você para pedir-lhe uma explicação.

- Desculpe, Dona Alice. Agora não posso. Conversaremos depois.

Mal dera alguns passos, apareceu Emmanuel:

- Volte, Chico, atenda à nossa irmã. Gastará apenas alguns minutos que não irão prejudicá-lo.

O médium obedeceu, como sempre.

A senhora queria saber como tomar determinado remédio homeopático que, por seu intermédio, o Doutor Bezerra de Menezes lhe receitara.

Atendida a solicitação, o médium apressou o passo, enquanto ela agradecia, sensibilizada:

- Deus lhe pague, Chico! Vá com Deus!

Mal dera alguns passos, Emmanuel reapareceu.

- Olhe para trás.

O médium voltou-se.

Observou, surpreso, fluidos luminosos que saíam da boca de Dona Alice.

Vinham em sua direção, proporcionando-lhe agradável sensação.

- Percebeu, Chico, o resultado, quando nos dispomos a servir? Imagine se, ao invés de *vá com Deus,* ela dissesse, magoada, *vá com o diabo!* Sairiam coisas diferentes de seus lábios.

***

Exercitamos, em nossa mente, duas funções de suma importância, que guardam correspondência com aparelhos usados em radiofonia:

• Transmissor.

Emitimos vibrações que se expandem ao nosso redor, atingindo as pessoas com as quais convivemos, exprimindo nossos sentimentos por elas.

• Receptor.

Acontece o inverso. Captamos suas vibrações, exprimindo os sentimentos que nutrem por nós.

Assim, influenciamos e somos influenciados por esses mecanismos sutis, sem que o percebamos.

Muito de nossos estados de ânimo, envolvendo sensações de tristeza ou alegria, euforia ou depressão, idéias positivas ou negativas, têm origem nessa permuta incessante.

***

Em face dessa realidade, há duas providências que devem merecer nossa atenção, em favor da estabilidade íntima:

• Disciplinar a mente.

Cultivar pensamentos positivos, sem jamais

vibrar negativamente contra pessoas ou situações no cotidiano.

• Cultivar espírito de serviço.

A disposição de ajudar o próximo, fazendo por ele todo o bem que gostaríamos de receber, conforme ensinou Jesus, conquistará sua simpatia. Assim, seremos sustentados, psiquicamente, por um manancial de vibrações positivas, emitidas pelos beneficiários de nossas ações.

Com tais iniciativas, ainda que eventualmente enfrentemos vibrações negativas de quem não concorde com nosso modo de ser ou nutra sentimentos de antipatia e animosidade por nós, estaremos resguardados pelas abençoadas energias do Bem.

Abobrinhas

A conversa ia animada na casa de Chico.

Começara às cinco da tarde. Eram perto de onze da noite.

Apareceu Emmanuel, o mentor espiritual, que o chamou para o interior da residência.

– Estamos atrasados para a tarefa do livro.

– É que tenho visitas. Estamos conversando...

O guia advertiu:

– Compreendemos a oportunidade de uma a duas horas de entendimento fraterno, para atender aos irmãos sem objetivo, porque, às vezes, por meio da banalidade, podemos algo fazer na sementeira de luz... Mas não entendo seis horas a fio de conversação sem proveito...

Indeciso, o médium não sabia o que fazer.

– Bem, Chico, eu não disponho de mais tempo. Decida-se. Converse ou trabalhe.

Chico não vacilou.

Deixou a conversa, que prosseguia cada vez mais animada na sala, e foi "cuidar da vida", cumprindo sua tarefa.

***

No estágio evolutivo em que nos encontramos, apraz-nos o papo inócuo, em que raros dizem algo de proveitoso, enquanto muitos nem sabem o que dizem.

Observe, leitor amigo, que qualquer tentativa em direcionar a conversa para assuntos edificantes acaba resvalando para banalidades.

Isso ocorre, invariavelmente, em reuniões sociais, principalmente quando são servidos os comes e bebes.

Se os bebes são de teor alcoólico, que soltam a língua e desligam o "desconfiômetro", sai de perto!

Prevalecem as "abobrinhas", temperadas com irreverência e malícia.

***

Lamentável constatar que semelhante problema está presente até mesmo nas situações em que se deveria preservar a compostura e a seriedade.

Exemplos típicos são os velórios.

Atualmente, mais parecem reuniões sociais, onde se fala animadamente sobre assuntos que não interessam à economia do ambiente, como futebol, sexo, moda, política...

Não raro, ligado ao corpo, o "finado" recebe as vibrações desajustadas dos presentes, empenhados em "jogar conversa fora", com respingos apimentados sobre ele, a evocar aspectos menos felizes de sua personalidade.

Falar mal do defunto, em pleno velório, é uma obra-prima de desrespeito e irresponsabilidade.

***

Meu irmão, que era um homem de poucas palavras, costumava lembrar velho adágio:

Fale apenas o que seja mais importante do que o silêncio.

Mais enfático, afirma Lao-Tsé:

O homem que sabe, não fala; o homem que fala, não sabe.

A levar-se ao pé da letra essas observações, o mutismo se abateria sobre a sociedade humana.

Não precisamos chegar tão longe!

No entanto, seria altamente benéfico para nós e para os que nos cercam, se nos habituássemos a indagar aos nossos botões, em reuniões de qualquer natureza:

Nossa conversa tem algo de edificante e proveitoso?

Se a resposta for negativa, tomemos a iniciativa de mudar a disposição do grupo.

Caso não seja possível, por absoluta impermeabilidade dos companheiros para algo que vá além das "abobrinhas", despeçamo-nos e tratemos de aproveitar as horas em algo mais produtivo.

O tempo é uma moeda extremamente valiosa, que não podemos desperdiçar com conversas vazias.

Retardar a verdade

Chico participava da famosa "peregrinação", no Bairro do Pássaro Preto.

À sombra de frondoso abacateiro, comentou o trecho lido em *O Evangelho segundo o Espiritismo.*

No contexto, falou sobre a tendência de se julgar acontecimentos e pessoas por uma ótica pessoal, que pode variar de acordo com as circunstâncias.

A título de ilustração, reportou-se a uma senhora que não reconhecia como neta uma menina adotada por seu filho.

A nora, empenhada em vencer sua rejeição, apelou para um artifício. Disse-lhe que a criança era filha de seu marido, fruto de relacionamento com outra mulher.

Surpreendida, mas ao mesmo tempo agora descontraída, a senhora imediatamente mudou sua postura.

– Mas que danado! Nunca me contou! E é a cara dele!

A partir daí, aceitou a menina por neta e a ela se apegou.

A criança rejeitada, que tinha problemas de saúde, frutos da pobreza de onde viera, agora envolvida numa atmosfera de receptividade e de amor, desabrochou para a vida.

Quando Chico terminava, exaltando o valor do amor e da aceitação diante das carências humanas, alguém observou:

– Há um problema. Ela mentiu! Será lícito?

Chico arrematou:

– A mentira com nobre finalidade é apenas a verdade adiada...

***

Em nenhum momento, quando recomendava que nos amemos uns aos outros, Jesus estabeleceu condições raciais, religiosas ou sociais para o exercício do amor.

No entanto, raros atentam ao caráter universalista do *amai-vos uns aos outros*, preconizado por Jesus.

Boa-vontade, fraternidade, solidariedade, expressões mínimas desse amor, continuam a ser exercitados nos limites do sangue.

Estamos dispostos a sacrifícios e renúncias em favor daqueles que têm a senha - o mesmo sangue - para ingresso nesse clube fechado que é a família.

Daí a dificuldade que muitos experimentam em relação à adoção de crianças.

O episódio narrado é ilustrativo.

A postura daquela senhora, que não admitia alguém sem a senha para a posição de neto, mudou radicalmente quando lhe disseram que a criança era filha de seu filho.

Final feliz, algo que talvez não ocorresse se o marido da jovem fosse, realmente, o pai da criança.

Teríamos, provavelmente, outro problema de sangue. Seria um desafio para a esposa receber em seus braços o fruto do envolvimento do marido com outra mulher.

Teste difícil, sem dúvida, do qual sairia engrandecida, se conseguisse superar a idéia de que a filha de seu marido tinha por mãe uma rival.

***

O mais instigante nesta história, amigo leitor, diz respeito à mentira. Diz Jesus (Mateus, 5-37):

Seja o vosso falar sim, sim, não, não. O que disso passar procede do maligno.

O Mestre quer dizer que nossas palavras devem ser sempre verdadeiras, e que a mentira procede das faixas mais escuras da personalidade humana.

Chico nos fala de uma exceção: retardar a verdade em benefício de alguém.

Sem dúvida, em determinadas situações é uma providência sensata. Exemplo típico: em doenças graves, como o câncer.

Há pessoas que têm boas chances de recuperação, desde que não se entreguem ao desalento. Isso pode acontecer se supõem, como ocorre não raro, que o diagnóstico de câncer vale por um atestado de óbito. Melhor não saber.

Há uma fórmula simples para definir se é conveniente "retardar a verdade".

Perguntemos a nós mesmos:

Estarei beneficiando alguém ou apenas fugindo de minhas responsabilidades?

Respingos de luz

Uma senhora, amiga de Chico, pensou em fazer algo mais, além de orar pelo filho que cometera suicídio, essa porta falsa pela qual pessoas que pretendem fugir do sofrimento acabam por mergulhar em exacerbadas dores.

Poderia levar flores ao cemitério, acender velas, mas, espírita, sabia que nada disso tem significado maior para o desencarnado, principalmente o suicida, às voltas com desequilíbrios superlativos que o torturam.

Pensou em algo mais palpável, uma ajuda mais efetiva ao filho amado, cuja situação muito a afligia.

Pediu orientação ao Chico, que lhe recomendou fizesse uma doação de alimentos a um abrigo para idosos.

O médium a acompanhou, gentil, ajudando-a a transportar os alimentos.

Ao deixarem a instituição, revelou-lhe:

– Quando você fez a entrega do donativo, vi formar-se um raio de luz em direção ao seu filho, no Plano Espiritual. Em meio às amarguras que enfrenta, ele sentiu abençoado lenitivo. Pela primeira vez, desde o gesto tresloucado, sorriu, aliviado.

***

Bem, prezado leitor, antes que você imagine que esta história não deveria estar presente num livro que se propõe a destacar episódios que fazem rir, na vida de Chico Xavier, devo-lhe dizer que, desta feita, a intenção foi mais modesta.

Ficarei satisfeito com simples sorriso.

Sorriso edificante, aliviado, consolador, de quem descobre, se ainda não o fez, o melhor caminho para beneficiar nossos amados que partem:

Praticar, em seu nome, gestos de bondade.

Recordo outro episódio, envolvendo a manifestação de um jovem desencarnado, por intermédio de Chico.

Dirigindo-se à sua mãezinha, que levava flores diariamente ao seu túmulo, dizia-lhe:

– Mamãe, aprecio seu carinho, mas não precisa ir ao cemitério para cultivar minha memória. Lá estão apenas meus ossos. Ficarei bem mais feliz se a senhora usar o dinheiro das flores na compra de pães a serem distribuídos aos pobres.

Em outra manifestação, um filho recomenda à mãe, pela psicografia de Chico, que distribua seus objetos de uso pessoal, bem como roupas, sapatos e móveis, a jovens carentes.

Eis que a senhora, prisioneira do desalento desde sua desencarnação, descobriu que ao cumprir aquela solicitação libertava-se da fixação mórbida no quarto do jovem, transformado em santuário intocável, o que apenas acentuava sua dor e o perturbava no Além.

***

Os Espíritos desencarnados, mesmo aqueles que

estão preparados para a vida espiritual, situam-se, em princípio, ligados psiquicamente aos familiares, colhendo muito de suas impressões e sentimentos, o que pode ajudá-los ou atrapalhá-los, de conformidade com seu teor.

Dores exacerbadas, angústias incontidas, desespero, revolta, inconformação, são venenos para a alma, que respingam doridamente nos que partiram.

Os episódios que narramos, e incontáveis outros de que tomam conhecimento os participantes de reuniões mediúnicas, demonstram como é importante nossa postura em situações dessa natureza.

Aceitação, serenidade, confiança em Deus, cultivo da fé, tudo isso ameniza nossos padecimentos e situa-se por abençoado alento para o "morto".

Podemos fazer ainda melhor!

Cultivemos gestos de solidariedade e beneficência junto aos carentes da Terra, rogando a Deus transforme nossas ações em benesses para ele.

Brando conforto nos felicitará, com abençoados respingos de luz em favor de nossos amados, a iluminar seus caminhos na Espiritualidade.

De quem é o rosto

Falava-se sobre as agruras humanas.

Chico foi indagado a respeito da postura espírita diante do sofrimento.

O médium, experiente na arte de enfrentar as dores do Mundo, respondeu, bem-humorado:

– Sabemos que o sofrimento faz parte da existência humana. Por isso, o espírita consciente chora escondido. Depois, lava o rosto e vai atender, sorrindo, a multidão.

***

Dores e atribulações são próprias deste Planeta de Provas e Expiações, onde vivemos, conforme a classificação de Allan Kardec, em *O Evangelho segundo o Espiritismo.*

Funcionam como lixas, que desbastam nossas imperfeições mais grosseiras.

Espíritos imaturos, iniciantes na arte de viver como filhos de Deus, aqui estamos atendendo a um desses dois objetivos:

• Provação – dores solicitadas.

O Espírito reencarna com uma programação que planejou, consciente do que deverá enfrentar para o resgate de seus débitos.

• Expiação – dores impostas.

A programação é feita por mentores espirituais, em benefício de Espíritos que recalcitram em reconhecer a extensão de seus comprometimentos perante as leis divinas.

E a nossa posição, leitor amigo, qual será?

É fácil definir.

Se guardamos submissão aos desígnios divinos, aceitando sem lamúrias, revolta ou desespero nossos males, procurando fazer o melhor, estamos em provação.

Se gememos e choramos; se nos torturamos, perdidos nos labirintos da revolta e da inconformação; se enfrentamos o resgate de nossos débitos meio *na marra,* segundo a expressão popular, afligindo os familiares, estamos em expiação. Com semelhante postura, multiplicamos sofrimentos, sem adicionar valores de renovação à experiência humana.

***

Reportando-se ao assunto, alguém comentou que, certamente, Chico esteve em provação, já que encarou com humildade e serenidade incontáveis males que se sucederam em sua gloriosa trajetória, particularmente na infância e na adolescência.

A meu ver, ele não se enquadra em nenhuma dessas alternativas.

Como todo missionário autêntico, que vem à Terra para gloriosas missões em favor do aprimoramento moral da Humanidade, escolheu vida difícil, enfrentando privações e dores, a fim não se desviar do caminho traçado.

Chico situou-se na Terra como aquele homem da passagem evangélica (João, 9:1-3), que nasceu cego não por culpa sua ou de seus pais, mas para que *se manifestassem nele as obras de Deus.* Isso aconteceu *a mão cheia,* como diria Castro Alves, nos quatrocentos e doze livros que psicografou.

***

Conforme ensina a Doutrina Espírita, a Mestra Dor suavizará seus rigores, desde que correspondamos aos apelos do Bem, participando com dedicação nas lides da caridade.

Consideremos, todavia, a necessidade de calar quanto às próprias atribulações.

É benéfico extravasar em lágrimas as nossas agruras, aliviando o coração, mas sempre em recolhimento. Em público, corremos o risco de estar apenas fazendo propaganda de nossas dores, em busca da comiseração alheia, o "coitadinho"!

Depois é lavar o rosto e cuidar do próximo, o atalho que nos permite queimar etapas na jornada rumo à perfeição, lembrando com a sabedoria popular:

O coração é nosso.
O rosto é dos outros.

Músculos para a alma

A jovem reclamava sofrer a perseguição de um Espírito que não a deixava em paz.

Idéias infelizes, sentimentos negativos, angústia, tristeza, denunciavam a presença da entidade malfazeja.

E apelava, aflita:

- Chico, não suporto mais essa pressão! Minha vida está se transformando num inferno. O que devo fazer para libertar-me desse obsessor que me deixa agoniada?

O médium, com a delicadeza que o caracterizava, respondeu, bem-humorado:

– Trabalhe, minha filha. Trabalhe muito, até desfalecer. Quando a gente desmaia de cansaço, o obsessor não consegue nos envolver...

O comentário do médium lembra o velho ditado:

Mente vazia é forja do demônio.

Quando não temos o que fazer, afloram as tendências inferiores, favorecendo a sintonia com Espíritos que nos perturbam.

Nossa defesa, portanto, é o trabalho, que disciplina a mente, mantendo-a ocupada, sem aberturas para as sombras.

***

Na questão 683, de *O Livro dos Espíritos*, interroga Allan Kardec:

Qual o limite do trabalho?

A resposta é surpreendente:

O das forças. Em suma, a esse respeito Deus deixa inteiramente livre o Homem.

Dirá você, leitor amigo, que o mentor mais parece diligente representante dos patrões!

Trabalhar até a exaustão lembra os primórdios da Revolução Industrial, no século XVIII, quando havia jornadas de trabalho de dezesseis horas, mal sobrando tempo para o repouso.

Sossegue! Não é esse o sentido de sua observação.

Trabalho é toda iniciativa que representa atividade disciplinada.

Ao escrever estas linhas, estou exercitando um trabalho de produção literária.

Meus filhos, na escola, exercitam o trabalho de aprendizado.

A serviçal doméstica, nos afazeres do dia, exercita um trabalho braçal.

O profitente religioso, em oração, exercita um trabalho espiritual.

O voluntário da obra assistencial, atendendo a família carente, exercita um trabalho filantrópico.

O importante, em favor de nossa estabilidade, é estar sempre ativo, considerando que todo processo obsessivo tende a instalar-se na hora vazia.

Não é por outra razão que há nos hospitais psiquiátricos núcleos de praxiterapia, literalmente a terapia do trabalho, oferecendo ocupação aos pacientes, o que, associado à medicação, favorecerá sua recuperação.

***

Quando falamos em influências espirituais, imperioso considerar que, se há Espíritos interessados em nos envolver e prejudicar, há também os que procuram nos ajudar.

E, se os maus são atraídos pela ociosidade, os bons aproximam-se à medida que nos vejam ativos, principalmente quando cultivamos iniciativas no campo do Bem, o mais nobre de todos os serviços.

Quanto maior o nosso empenho em servir o próximo, mais ampla a atenção de benfeitores espirituais, interessados em nos utilizar como instrumentos para abençoadas tarefas em favor dos sofredores de todos os matizes.

Por isso, a par do tratamento espiritual, com passes magnéticos, reuniões de desobsessão, vibrações, orientação de leitura, cursos, é fundamental que o Centro Espírita crie uma estrutura de serviços em favor da multidão carente e sofredora, que constitui boa parcela da população, em qualquer cidade.

E que se vinculem a esses serviços as pessoas que se queixam da falta de motivação, apáticas, depressivas, comprometidas com a inércia.

Abençoada seja a exaustão física que venhamos a experimentar nesse empenho, a situar-se como vigoroso exercício que fortalece os *músculos da Alma,* habilitando-nos a resistir às incursões das sombras.

Engrossar o fio

O companheiro das lides doutrinárias estava doente, um mal que inspirava cuidados.

Conversando com Chico, enfatizou:

- Minha vida está por um fio. Não acha que está na hora de sossegar, encerrando minhas atividades na Seara Espírita?

E Chico:

- Negativo! Não pare! Dr. Bezerra de Menezes está me dizendo que quanto mais a gente trabalha, mais o fio engrossa.

A resposta de Chico nos remete a uma questão controvertida – a duração da existência humana.

A Medicina deixa bem claro, hoje, que vasta parcela da população terrestre morre antes do tempo, em face dos maus tratos a que submete o corpo, aniquilando-o de duas formas:

• De fora para dentro – intemperança física.

O álcool, o fumo, as drogas, a glutonaria, as noitadas alegres, as noites maldormidas, a ausência de exercícios, a ociosidade, tudo isso compromete a estabilidade física, produzindo uma quantidade assustadora de males danosos à economia orgânica.

• De dentro para fora – intemperança emocional.

Pessoas estressadas, tensas, irritadas, nervosas, agridem o corpo, comprometendo sua estabilidade. Hipertensão arterial, distúrbios circulatórios, que afetam o coração, favorecendo o infarto, o campeão da mortalidade, nascem desse tipo de comportamento. O mesmo acontece com o cultivo de mágoas, ressentimentos e rancores, que perturbam os mecanismos imunológicos.

Essas auto-agressões, de fora para dentro e de

dentro para fora, favorecem a instalação e a evolução de males que acabam, literalmente, por despejar o Espírito da casa física, a ruir sobre sua cabeça em face de sua displicência quanto aos cuidados em favor de sua conservação.

***

Há o reverso da moeda.

Podemos dilatar a jornada humana, engrossando o fio da vida como diz Chico, empenhados no esforço do Bem.

Mãos servindo são antenas que estendemos para sintonia com as fontes da Vida e a captação das bênçãos de Deus.

Semelhante empenho não apenas fortalece o corpo, como nos habilita a receber valiosas moratórias quanto à extensão da jornada humana.

É até uma questão de boa lógica.

Se é tão difícil encontrar gente disposta a servir, neste mundo dominado pelo egoísmo, obviamente, os mentores espirituais estarão sempre empenhados em nos fortalecer, sustentando nossa existência para que beneficiemos existências alheias.

Encontramos no meio espírita inúmeros exemplos. Há companheiros que recebem abençoadas moratórias - a dilação da jornada humana além dos limites programados.

***

O próprio Chico é marcante exemplo.

Com uma vida de sacrifícios, enfrentando privações na infância, problemas na idade adulta, sempre dormindo pouco, assediado pelos inimigos da Doutrina, procurado por multidões, que não lhe davam tréguas, poderia ter desencarnado mais cedo, mesmo porque o cerne de sua obra, a nosso ver, completou-se com a publicação de *Evolução em Dois Mundos,* de André Luiz, em 1960.

Esse livro marcou a culminância de sua missão.

No entanto, ainda viveu quarenta e dois anos, de profícuo labor mediúnico, sustentado pela Espiritualidade para o abençoado serviço da consolação, envolvendo milhares de mensagens de Espíritos desencarnados que renovaram o ânimo e as esperanças de seus familiares, em gloriosos testemunhos de imortalidade.

Chico deixou bem claro para nós outros, iniciantes na arte de viver, como podemos *engrossar o fio da vida,* cultivando o esforço do Bem.

Ato inteligente

A senhora procurou Chico Xavier.

– Venho pedir seu conselho. Pretendo deixar meu marido.

– Por que, minha filha?

– Cansei de suas impertinências.

– Jesus recomenda que perdoemos...

– Tenho perdoado muito.

– Jesus recomenda que seja setenta vezes sete...

– Fiz as contas. Mais de quinhentas vezes! É perdão demais!

– Emmanuel lhe manda um recado. Devemos perdoar setenta vezes sete a *cada tipo de ofensa*...

– Assim fica difícil! Vai ser um perdoar sem fim.

– Sim, minha filha. Exatamente o que Jesus espera de nós. Que perdoemos sempre!

***

Complicado, não é mesmo, caro leitor?

Perdoar indefinidamente! É dose para elefante!

Afinal, ninguém é de ferro!

Contudo, aprendemos com a Doutrina Espírita que não se trata de favor que fazemos ao ofensor, mas o mínimo indispensável à nossa própria estabilidade física e espiritual.

Muitas aflições que nos torturam decorrem não do mal que nos fazem, mas do mal que fazemos a nós mesmos, quando não relevamos.

O rancor, a mágoa, o ódio, o ressentimento, são tão desajustantes que será sempre um ato de inteligência cultivar o perdão.

Quando eu era menino, meu pai tinha um cachorrinho miúdo e mirrado que mais parecia um bibelô.

No que tinha de pequeno, sobrava em braveza. Neurótico ao extremo.

Nós o chamávamos *baixinho encardido,* e o atiçávamos. Achávamos engraçado. Tão pequeno e com aquela ferocidade toda.

Certo dia, tão irritado ficou, tanto rosnou e latiu, que sofreu fulminante síncope.

Caiu durinho, mortíssimo!

Desencarnou de raiva!

Há pessoas assim, agressivas, neuróticas. Não levam desaforo para casa. Vivem estressadas, tensas, inquietas...

Acabam provocando distúrbios circulatórios que evoluem para a hipertensão arterial.

Complica-se o sistema circulatório e eclode o enfarte fulminante.

Diz o povo:

- Bela passagem! Morreu como um passarinho!

Ledo engano!

O Espírito não deixou o corpo - foi expulso dele!

Exigiu tanto do organismo, com suas crises de irritabilidade, que detonou o colapso.

Literalmente, o coração implodiu, incapaz de resistir às pressões do usuário.

Retornou antes do tempo, suicida inconsciente, habilitando-se a estágios penosos de adaptação à vida espiritual.

***

Há os que morrem mais devagar, envenenados

por ressentimentos, melindres, mágoas e rancores que minam o organismo e o tornam vulnerável a doenças fatais.

O câncer, por exemplo.

Em princípio é apenas uma célula com defeito de fabricação. Nossa medula as produz aos milhões. Há sempre alguma que não se ajusta ao organismo. Constitui um corpo estranho dentro dele, como um invasor.

Normalmente, não há problema. Nossos mecanismos imunológicos logo identificam o "inimigo" e o eliminam.

Com os adeptos do ressentimento isso não acontece. Suas mágoas acabam afetando as defesas orgânicas e ficam vulneráveis àquela célula assassina que se multiplica, deita raízes e mata seu hospedeiro.

***

Vamos aprendendo, quando avançamos no conhecimento dos mecanismos da Vida, que perdoar é um ato de inteligência.

É o mínimo para que vivamos de forma saudável e feliz, desfrutando o tempo de Vida que o Senhor nos concede para as abençoadas experiências na carne.

Melhor abençoar

Questão sempre suscitada, quando se cogita de influências espirituais, diz respeito ao chamado *mal encomendado* ou *malfeito*.

Uma senhora, preocupada com o assunto, perguntou:

- Chico, isso existe?

A resposta bem-humorada do médium é antológica:

- Se você arremessar uma bolinha de borracha numa parede que tenha um buraco, ela poderá entrar.

***

Quando se fala a respeito desse assunto, sempre imaginamos alguém procurando pessoas que vivem desse expediente, pagando-lhes para evocar malefícios sobre um desafeto.

Na verdade, nem é preciso usar nossas economias para isso.

Basta que tenhamos muita raiva de uma pessoa, desejando-lhe todo mal, e estaremos gerando o *mal-feito,* em duas frentes:

- Ação pessoal.

Emitimos vibrações deletérias a se expandirem em sua direção, como se lhe atirássemos dardos envenenados, passíveis de perturbá-la.

- Ação de terceiros.

Espíritos obsessores atenderão nossa evocação, dispostos a *colaborar* no nefasto propósito. E a assediarão, procurando causar-lhe embaraços variados, de ordem física e espiritual.

Surtirão efeito tais iniciativas?

Aqui entra a imagem feliz, apresentada por Chico.

Se o desafeto tiver brechas em suas defesas

espirituais, a partir de um comportamento indisciplinado e vicioso (o buraco na parede), poderá ser afetado.

Se, porém, for alguém de padrão vibratório elevado, que cultiva bons pensamentos, que orienta sua existência nos caminhos da Verdade e do Bem, nada de mal lhe acontecerá.

A razão é simples: não haverá brechas em sua *casa mental,* passível de *engolir a bolinha,* sujeitando-se aos estragos que possa produzir.

Portanto, não precisamos temer as arremetidas de Espíritos encarnados ou desencarnados, desde que cultivemos a recomendação de Jesus (Mateus, 26:41):

Vigiai e orai para que não entreis em tentação.

É o mal em nós que nos leva a assimilar o mal que nos fazem.

Podemos ir um pouco adiante, cumprindo outra orientação do Mestre (Mateus, 5:44):

...orai pelos que vos perseguem...

Se, identificando no desconforto que sentimos a ameaça de Espíritos perturbadores, orarmos por eles, neutralizaremos, tranqüilamente, o mal que pretendam contra nós.

***

Quanto aos que exercitam o mau gosto de amaldiçoar e os que chegam ao extremo de efetuar a *contratação* de malfeitores do Além para prejudicar alguém, por intermédio de pessoas que vivem desse expediente, mais cedo ou mais tarde, experimentarão desagradável surpresa:

Ainda que encontre *brechas na parede,* fazendo estragos na vida alheia, a *bolinha* tenderá a voltar em sua direção, produzindo estragos maiores.

Atendendo aos princípios de causa e efeito que nos regem, quem se envolve com o mal acabará vitimado por ele.

E há um detalhe:

Os Espíritos que atendem às suas evocações não o fazem por generosidade ou benemerência.

Objetivam, por compensação maior, o domínio sobre seus *intermediários* e *contratantes,* que acabam caindo em suas mãos.

Portanto, desejar o mal do próximo é má idéia, péssima transação, no intercâmbio com o Além.

Melhor abençoar!

Obsessores no presídio

Em inúmeras oportunidades, Chico visitou presídios, sempre merecendo a maior atenção e respeito dos sentenciados.

Numa delas, alguém lhe perguntou:

- Chico, você viu muitos obsessores por lá?

E o médium:

- Não, não vi obsessores. Vi, sim, muitos benfeitores, amigos... Muitas mães... Lá não há obsessores! Eles já fizeram o que queriam.

***

O noticiário de jornais está repleto de notícias assim:

- Matou o colega de escola.
- Contratou um pistoleiro para assassinar o pai.
- Embriagado, atropelou várias pessoas.
- Planejou o assassinato da esposa.
- Seqüestrou o recém-nascido.
- Torturou o desafeto até a morte.
- Detonou uma bomba que fez dezenas de vítimas.
- Derramou álcool sobre o mendigo e pôs fogo.

São ações hediondas, inconcebíveis!

Exprimem um comportamento sub-humano, situando esses criminosos como *monstros,* na terminologia popular.

O Espiritismo nos oferece condições para apreciar com justeza esses problemas, reconhecendo a ação de cruéis obsessores que os induzem a ações nefastas e comprometedoras.

A intenção é vingarem-se de passadas ofensas, de vidas anteriores ou da atual, quando sofreram prejuízos morais e materiais por eles provocados.

Vítimas de ontem, verdugos de hoje

Verdugos de ontem, vítimas de hoje, que sucumbem às próprias fraquezas, ao cometer crimes, mas com um vigoroso "empurrão" desses ferozes vingadores.

***

Obviamente, as prisões estão longe de situarem-se como hospitais dirigidos por benfeitores espirituais, adequados ao tratamento de doentes da alma.

Difícil imaginar anjos custodiando criminosos.

O ambiente é péssimo, marcado por rebeliões e desatinos de toda sorte, que se sucedem, ininterruptamente, gerando consternação e temores na população.

Não obstante, a observação de Chico, que poderia ser tomada à conta de comentário piedoso, evitando incursões pelo terreno da maledicência, não é destituída de lógica.

Feito o estrago, alcançado o objetivo de submeter

seus desafetos à execração pública e à privação da liberdade, os obsessores tendem a afastar-se, dando por concluído seu trabalho.

É como o vingador que se considera satisfeito, após agredir um desafeto até a morte.

Sua ação é tão ou mais cruel:

Matam, moralmente, suas vítimas.

***

Após o estrago, que infrutiferamente buscaram evitar, já que seus tutelados estavam mais receptivos às sugestões das sombras, aproximam-se mentores espirituais e familiares desencarnados, buscando amenizar suas dores e despertar suas consciências.

Quanto a nós outros, que nos sentimos chocados com seus crimes, chegando, não raro, a imaginar se não seria razoável instituir a pena de morte para puni-los, vale lembrar a observação do Mestre (João, 8:7), diante dos fariseus que pretendiam apedrejar a mulher colhida em adultério:

Aquele que estiver sem pecado, atire a primeira pedra.

O mais velho

Passista há muitos anos, integrada num Centro Espírita, a senhora tinha uma dúvida. Procurou Chico:

- Não estou muito velha e cansada para continuar?

Antes que o médium respondesse, acrescentou:

- Mas quero a opinião de Emmanuel.

E Chico, com a paciência de sempre:

- Minha irmã, Emmanuel manda dizer-lhe que o

mais velho de todos nós é Deus, e que Ele ainda não se cansou.

***

É interessante como as pessoas buscam a opinião dos Espíritos sem senso crítico, imaginando lidar com arautos da verdade incontestável.

Desconhecem a sábia orientação de Kardec, em *Obras Póstumas:*

Os Espíritos são apenas homens desencarnados e sua opinião tem o valor de uma opinião pessoal. Não têm o saber total nem são infalíveis.

Emmanuel é uma exceção, porquanto suas conceituações revelam a simplicidade e a profundidade da sabedoria autêntica.

Infelizmente, não é o que acontece com boa parte de supostos orientadores espirituais, que se situam muito mais como *palpiteiros do Além,* criando mais embaraços do que desembaraços a ingênuos consulentes.

Alguns exemplos marcantes:

- Uma empresa, cujo dono aconselhava-se com um "mentor" em seus negócios, foi à falência.

- Um casal separou-se depois que o "mentor" confirmou, à esposa, equivocadamente, as suspeitas de que o marido a estava traindo.

- O Centro Espírita instituiu um serviço de *engarrafamento de espíritos obsessores,* seguindo a orientação do "mentor".

- Um consulente extraiu todos os dentes, atendendo à recomendação do "mentor", a fim de que não experimentasse, ao morrer, o "ranger de dentes" da expressão evangélica.

***

Importante a observação de Emmanuel a respeito do trabalho, lembrando a presença de Deus.

Uma fase crítica, nesse particular, diz respeito à chamada *terceira idade,* depois dos cinqüenta, no outono da existência.

Não raro, situação financeira estável, garantido o sustento diário pelos proventos de aposentadoria, as pessoas entendem que podem desfrutar as benesses da ociosidade.

Num estágio dessa natureza, quando perdemos a disposição de aprender, de produzir para a sociedade, de crescer em conhecimento, de lutar contra as imperfeições, só servimos mesmo para... morrer!

Imagino que Deus nos dá tempo limitado na Terra, justamente porque há uma tendência para nos acomodarmos, caindo em marca-passo espiritual.

Então, vem a morte, choque evolutivo de alta voltagem, a agitar nossa alma.

Somos projetados no Mundo Espiritual, onde estagiamos em regiões de sofrimento, até que nos disponhamos a desdobrar experiências de aprendizado, trabalho e renovação.

Com o tempo, tendemos a nos acomodar. É até mais fácil acontecer no Além, onde ninguém morre de fome ou frio e se sobrevive sem abrigo.

Tenho tomado contato com habitantes das regiões umbralinas, o purgatório espírita, acomodados à própria indigência, sem nenhuma motivação ou desejo de melhorar.

Vem o choque reencarnatório.

Mais alguns decênios, novo acomodamento.

Vem o choque desencarnatório.

Assim, de choque em choque, ficamos *chocados*,

não no sentido elétrico, mas no sentido biológico, fecundados para o progresso.

É uma jornada longa, sofrida, cheia de percalços, ilusões, decepções, dores e dissabores...

Por que não abreviar esse aprendizado, por que não caminhar com mais segurança e tranqüilidade, evitando a inércia?

Não podemos deixar que se escoem as horas sem o empenho de aprender, de exercitar a mente, de realizar um trabalho, de participar de uma comunidade, de exercitar os valores evangélicos.

Não importa se somos velhos ou moços, sãos ou doentes, ricos ou pobres.

Não importa se são largos ou estreitos os caminhos.

É preciso seguir em frente, sem nunca esmorecer, lembrando a observação de Jesus (João, 5:17):

Meu Pai trabalha até agora. E eu também.

O cérebro e o coração

Um repórter questionou Chico:

- Como o senhor explica o livro *Brasil, Coração do Mundo, Pátria do Evangelho,* que psicografou em 1938, se, ainda hoje, nosso país tem milhões de menores abandonados, de desempregados, de condenados à prisão e tantos miseráveis?

A resposta do médium foi antológica:

- Meu filho, se o fundador do Evangelho foi crucificado, por que vamos esperar privilégios para o nosso país?

***

Confesso que sempre tive minhas dúvidas a respeito dessa obra assinada pelo Espírito Humberto de Campos, guardando as mesmas indagações do repórter.

A resposta de Chico ilumina o nosso entendimento.

Num planeta de provas e expiações como é a Terra, habitado por Espíritos imaturos, dominados pelo egoísmo, a prosperidade material pode ser um desastre, sob o ponto de vista moral.

Estive algumas vezes nos Estados Unidos, em jornada de palestras, admirando a pujança daquele país, suas riquezas, o conforto em que vive a população.

Lembrava os comentários de Emmanuel, no livro *A Caminho da Luz,* sobre a destinação do continente americano:

...localizando o cérebro da nova civilização no ponto onde hoje se alinham os Estados Unidos da América do Norte...

Buscam os sociólogos definir as razões que determinaram o incrível avanço da economia americana, hoje a nação mais rica e poderosa do Mundo, cogitando de fatores geográficos, climáticos, políticos, étnicos, culturais...

O Espiritismo vai um pouco além, ensinando que a história dos povos está indissoluvelmente vinculada às decisões dos poderes que nos governam, acima de qualquer conjuntura.

Cabeça da nova civilização, os Estados Unidos teriam sido preparados para trabalhar em favor do soerguimento dos povos, favorecendo um tempo de prosperidade para o Mundo, acabando com a miséria ou minimizando-a significativamente.

Os pais da nação americana certamente pensavam nisso ao fazer constar em sua proclamação de independência que:

Todos os homens são criados iguais, dotados pelo Criador de certos direitos inalienáveis, entre estes a vida, a liberdade e a procura da felicidade.

Tais princípios não vêm sendo atendidos adequadamente, em caráter universal, fora das fronteiras americanas, conforme o que fora planejado.

É que, não obstante os esforços do Mundo Espiritual, na proporção em que o *cérebro* enriqueceu, esqueceu seus ideais, transformando o dinheiro, que deve ser parte da vida, em finalidade dela.

Reflete esse desvio, desde o comportamento do cidadão comum, para o qual *time is money,* aos interesses de grupos econômicos, capazes de influenciar as próprias decisões do governo norte-americano.

Um dado apenas nos dá a medida exata dos desvios da grande nação. Os gastos militares dos EUA, em 2004, aproximaram-se de quinhentos bilhões de dólares!

Uma montanha de dinheiro, amigo leitor, que, se aplicada convenientemente, eliminaria a fome que assola os países subdesenvolvidos.

***

Completemos o pensamento de Emmanuel:

...e o seu coração nas extensões da terra farta e acolhedora onde floresce o Brasil, na América do Sul.

Os primeiros (EUA) *guardam os poderes materiais; o segundo detém as primícias dos poderes espirituais, destinadas à civilização planetária do futuro.*

A experiência nos ensina que problemas, dificuldades e lutas, na existência humana, estimulam a procura dos valores espirituais e o exercício da solidariedade. São eles que sensibilizam a alma brasileira, adequando o pulsar do *coração* aos desígnios divinos.

Obviamente, a violência, a corrupção, os desmandos administrativos, as vergonhosas desigualdades sociais, não fazem parte desse quadro.

Surgem a partir da ação de Espíritos perversos, gênios do mal, interessados em sustentar seu domínio sobre os homens.

A crucificação de Jesus, bem como as perseguições ao Cristianismo nascente e seus comprometimentos, não foram simples fruto das mazelas humanas. Há um componente perverso - a nefasta influência das sombras!

Essa *dobradinha sinistra,* associando Espíritos encarnados e desencarnados, mais próximos da animalidade que da angelitude, tem promovido os desvios das nações e dos povos, aos quais se acrescentam os EUA, algo que também poderá envolver o Brasil, se não nos cuidarmos.

***

Não obstante, há um novo e abençoado componente nessa história, a favorecer uma perspectiva diferente, atendendo aos Desígnios Divinos.

É a Doutrina Espírita, que nos oferece condições para perceber e neutralizar as influências das sombras, conscientizando-nos de nossas responsabilidades, ante a certeza da Vida que não acaba nunca e da onipresente justiça de Deus.

Ainda que não se declarem adeptos, um número crescente de brasileiros está tomando contato com o Espiritismo, familiarizando-se com seus princípios lógicos e objetivos, que enunciam leis divinas como a reencarnação, a lei de causa e efeito e a sintonia mediúnica, a regerem nossa evolução.

Expandindo-se as idéias espíritas, daremos ritmo adequado ao *coração,* transformando nossa pátria em abençoado pólo de irradiação do Evangelho, em favor da civilização cristianizada que todos esperamos neste milênio.

Vencer nossas próprias limitações, para superar as pressões das trevas, é o nosso grande desafio, se desejamos fazer jus à observação significativa de Jesus, relacionada com seus discípulos autênticos (Lucas, 10:20):

Mas não vos alegreis porque os Espíritos se vos submetem. Alegrai-vos antes por estarem os vossos nomes escritos nos Céus.

Melhor não questionar

Conversava-se sobre a nebulosa atualidade terrestre.

A Terra parece invadida por Espíritos primitivos e maus, que a tomaram de assalto pelos condutos da reencarnação.

Violências, assassinatos, estupros, atentados terroristas...

Os comentários eram desalentadores.

- Piorou muito!

- Alastra-se a maldade!

- Um horror!

E Chico:

- É engano, minha gente. A Terra nunca recebeu tanta gente boa como nos tempos atuais!

***

Otimismo simplório? Contestação ingênua?

Absolutamente! A observação de Chico está calcada na realidade, observados alguns ângulos da questão:

A Terra tem hoje seis bilhões e quatrocentos milhões de habitantes.

Há os que vieram das regiões umbralinas que circundam o planeta. São Espíritos primários, senso moral subdesenvolvido, dominados por impulsos de agressividade, vícios e mazelas, dispostos a resolver suas pendências e a impor seus desejos "no grito".

Vivem suas derradeiras oportunidades de crescimento e renovação, que os habilitem a permanecer no planeta, antes de serem transferidos para mundos primitivos, compatíveis com seu comportamento.

No capítulo XVIII, de *A Gênese,* Kardec reporta-se a uma grande emigração:

... a dos que praticam o mal pelo mal, ainda não tocados pelo sentimento do Bem, os quais, já não sendo dignos do planeta transformado, serão excluídos, porque, senão, lhe ocasionariam de novo perturbação e confusão e constituiriam obstáculo ao progresso.

Mas, como destaca Chico, multidões de Espíritos conscientes e esclarecidos estão reencarnando, dispostos a exercitar respeito pelo próximo, empenhados em levar a vida a sério e a cumprir seus deveres, fazendo com que reinem na Terra *a justiça, a paz e a fraternidade,* como acentua Kardec no mesmo capítulo.

***

O problema é o destaque que se dá aos maus.

Como músicos desafinados de uma grande orquestra, chamam atenção, a produzirem sons que impressionam desagradavelmente.

Há a velha história do jovem repórter que trouxe a notícia de que um homem fora mordido por um cachorro.

O redator vetou a matéria.

- Isso não interessa, meu filho! Notícia seria o

homem morder o cachorro!

Resumindo: publiquemos o insólito.

A rotina, na Terra, envolve multidões trabalhando, cuidando da vida, levando a sério seus empregos, seus compromissos com a família, tentando acertar.

O insólito está nos episódios envolvendo crimes, vícios, licenciosidade, corrupção...

A população brasileira anda perto dos cento e oitenta milhões de habitantes.

A população carcerária é de aproximadamente cento e oitenta mil sentenciados.

Isso equivale a um preso para cada mil habitantes.

Você dirá, leitor amigo, que o número de sentenciados está muito aquém dos que deveriam estar atrás das grades.

Não obstante, mesmo que consideremos os Espíritos ardilosos, intelectualmente desenvolvidos e moralmente subdesenvolvidos, que escapam da justiça, os corruptos de todos os matizes, os ditadores e todos aqueles que se colocam acima da Lei, ainda assim, o somatório dos que merecem ver o sol nascer quadrado é bem inferior ao dos que cuidam de suas vidas sem prejudicar o semelhante.

***

Concordo plenamente com Chico.

Nunca houve tanta gente boa na Terra, gente que assume compromissos sérios com a família, com o trabalho, com a ordem, com a disciplina.

Sobretudo, nunca houve tanta gente voltada para a solidariedade, empenhada em servir, em fazer algo pelo bem da Humanidade.

Se você imagina, leitor amigo, que está lento demais esse processo de separação do *joio e do trigo,* a que se refere Jesus, digo-lhe que é prudente não questionar os desígnios divinos, sempre calcados na justiça, sem jamais descartar a misericórdia.

Será que essa *morosidade* não beneficia a nós mesmos?

Quem pode garantir que se Deus acelerar os processos migratórios não iremos, de pronto, *comer o pão que o diabo amassou* em remoto rincão da Via Láctea?

Bibliografia do Autor

01 – PARA VIVER A GRANDE MENSAGEM 1969

Crônicas e histórias.

Ênfase para o tema Mediunidade.

Editora: FEB

02 – TEMAS DE HOJE, PROBLEMAS DE SEMPRE 1973

Assuntos de atualidade.

Editora: Correio Fraterno do ABC

03 – A VOZ DO MONTE 1980

Comentários sobre "O Sermão da Montanha".

Editora: FEB

04 – ATRAVESSANDO A RUA 1985

Histórias.

Editora: IDE

05 – EM BUSCA DO HOMEM NOVO 1986

Parceria com Sérgio Lourenço e Therezinha Oliveira.

Comentários evangélicos e temas de atualidade.

Editora: EME

06 – ENDEREÇO CERTO 1987

Histórias.

Editora: IDE

07 – QUEM TEM MEDO DA MORTE? 1987

Noções sobre a morte e a vida espiritual.

Editora: CEAC

08 – A CONSTITUIÇÃO DIVINA 1988

Comentários em torno de "As Leis Morais",

3ª parte de O Livro dos Espíritos.

Editora: CEAC

09 – UMA RAZÃO PARA VIVER 1989

Iniciação espírita.

Editora: CEAC

10 – UM JEITO DE SER FELIZ 1990

Comentários em torno de

"Esperanças e Consolações",

4ª parte de O Livro dos Espíritos.

Editora: CEAC

11 – ENCONTROS E DESENCONTROS 1991

Histórias.

Editora: CEAC

12 – QUEM TEM MEDO DOS ESPÍRITOS? 1992

Comentários em torno de "Do Mundo Espírita e dos Espíritos", 2ª parte de O Livro dos Espíritos.

Editora: CEAC

13 – A FORÇA DAS IDÉIAS 1993

Pinga-fogo literário sobre temas de atualidade.

Editora: O Clarim

14 – QUEM TEM MEDO DA OBSESSÃO? 1993

Estudo sobre influências espirituais.

Editora: CEAC

15 – VIVER EM PLENITUDE 1994

Comentários em torno de "Do Mundo Espírita e dos Espíritos", 2ª parte de O Livro dos Espíritos.

Seqüência de Quem Tem Medo dos Espíritos?

Editora: CEAC

16 – VENCENDO A MORTE E A OBSESSÃO 1994

Composto a partir dos textos de Quem Tem Medo da Morte? *e* Quem Tem Medo da Obsessão?

Editora: Pensamento

17 – TEMPO DE DESPERTAR 1995

Dissertações e histórias sobre temas de atualidade.

Editora: FEESP

18 – NÃO PISE NA BOLA 1995

Bate-papo com jovens.

Editora: O Clarim

19 – A PRESENÇA DE DEUS 1995

Comentários em torno de "Das Causas Primárias", 1ª parte de O Livro dos Espíritos.

Editora: CEAC

20 – FUGINDO DA PRISÃO 1996

Roteiro para a liberdade interior.

Editora: CEAC

21 – O VASO DE PORCELANA 1996

Romance sobre problemas existenciais, envolvendo família, namoro, casamento, obsessão, paixões...

Editora: CEAC

22 – O CÉU AO NOSSO ALCANCE 1997

Histórias sobre "O Sermão da Montanha".

Editora: CEAC

23 – PAZ NA TERRA 1997

A vida de Jesus, do nascimento ao início do apostolado.

Editora: CEAC

24 – ESPIRITISMO, UMA NOVA ERA 1998

Iniciação Espírita.

Editora: FEB

25 – O DESTINO EM SUAS MÃOS 1998

Histórias e dissertações sobre temas de atualidade.

Editora: CEAC

26 – LEVANTA-TE! 1999

A vida de Jesus, primeiro ano de apostolado.

Editora: CEAC

27 – LUZES NO CAMINHO 1999

Histórias da História, à luz do Espiritismo.

Editora: CEAC

28 – TUA FÉ TE SALVOU! 2000

A vida de Jesus, segundo ano de apostolado.

Editora: CEAC

29 – REENCARNAÇÃO – TUDO O QUE VOCÊ PRECISA SABER 2000

Perguntas e respostas sobre a reencarnação.

Editora: CEAC

30 – NÃO PEQUES MAIS! 2001

A vida de Jesus, terceiro ano de apostolado.

Editora: CEAC

31 – PARA RIR E REFLETIR 2001

Histórias bem-humoradas, analisadas à luz da Doutrina Espírita.

Editora: CEAC

32 – SETENTA VEZES SETE 2002

A vida de Jesus, últimos tempos de apostolado.

Editora: CEAC

33 – MEDIUNIDADE, TUDO O QUE VOCÊ PRECISA SABER 2002

Perguntas e respostas sobre Mediunidade.

Editora: CEAC

34 – ANTES QUE O GALO CANTE 2003

Vida de Jesus – o Drama do Calvário.

Editora: CEAC

35 – ABAIXO A DEPRESSÃO! 2003

Profilaxia dos estados depressivos.

Editora: CEAC

36 – HISTÓRIAS QUE TRAZEM FELICIDADE 2004

Parábolas evangélicas, à luz do Espiritismo.

Editora: CEAC

37 – ESPIRITISMO, TUDO O QUE VOCÊ PRECISA SABER 2004

Perguntas e respostas sobre a Doutrina Espírita.

Editora: CEAC

38 – MAIS HISTÓRIAS QUE TRAZEM FELICIDADE 2005
Parábolas Evangélicas, à luz do Espiritismo.
Editora: CEAC

39 – RINDO E REFLETINDO COM CHICO XAVIER 2005
Frases e episódios bem-humorados do grande médium
Editora: CEAC